Josef Kirschner, geboren 1931, verheiratet und Vater von zwei Söhnen, lebt abwechselnd in Wien und in einem Bauernhaus im Osten Österreichs. Wenn er nicht Obstbäume schneidet, mit der Sense seine Wiese mäht oder mit seiner Frau Christa in den Wäldern Pilze sammelt, formuliert der Lagerhausarbeiter, Dolmetscher, Reporter, Chefredakteur, Werbemann, Gastdozent an der Harvard-Universität, Lehrbeauftragter an der Universität Wien, berühmte Autor und Fernsehmoderator für die Mitwelt, was ihn das Leben bisher lehrte.

Von Josef Kirschner sind außerdem erschienen:

»Manipulieren – aber richtig« (Band 7442)
»Die Kunst, ein Egoist zu sein« (Band 7549)
»Hilf dir selbst, sonst hilft dir keiner« (Band 7610)
»Die Kunst, ohne Überfluß glücklich zu leben« (Band 7647)
»So wehrt man sich gegen Manipulation« (Band 7717)
»So lernt man, sich selbst zu lenken« (Band 7718)
»So hat man mehr Spaß am Sex« (Band 7719)
»So plant man sein Leben richtig« (Band 7720)
»So lebt man glücklich – ohne Heirat« (Band 7740)
»So macht man auf sich aufmerksam« (Band 7741)
»So nutzt man die eigenen Kräfte besser« (Band 7742)
»So lernt man, sich selbst zu lieben« (Band 7743)
»Die Kunst, glücklich zu leben« (Band 82004)

Vollständige Taschenbuchausgabe 1985
© 1983 Droemersche Verlagsanstalt Th. Knaur Nachf., München
Das Werk einschließlich aller seiner Teile ist urheberrechtlich geschützt.
Jede Verwertung außerhalb der engen Grenzen des Urheberrechts-
gesetzes ist ohne Zustimmung des Verlages unzulässig und strafbar.
Das gilt insbesondere für Vervielfältigungen, Übersetzungen,
Mikroverfilmungen und die Einspeicherung und Verarbeitung
in elektronischen Systemen.
Druck und Bindung Ebner Ulm
Printed in Germany   10   9
ISBN 3-426-07689-6

Josef Kirschner:
Die Kunst, ohne Angst zu leben

Wie man lernt,
um seine Freiheit zu kämpfen

Für alle, die das Unbehagen spüren
und nicht mehr länger warten wollen

Inhalt

Warum es besser ist, um seine Freiheit zu kämpfen, statt sich ein Leben lang mit der Angst erpressen zu lassen ... 11

Einige offene Hinweise darauf, was Sie sich von diesem Buch erwarten dürfen und was nicht 15

Der erste Schritt

Eines sollten Sie von Anfang an bedenken: Ihre Angst ist das, was Ihre Gedanken daraus machen 21

Vier wichtige Einflüsse, die den Lauf unserer Gedanken bestimmen 26

Eine einfache Technik, innezuhalten und den Kreislauf der Angstgedanken zu unterbrechen 32

Warum es so schwierig ist, von der Phase des Entscheidens zum Handeln überzugehen 40

Erste Zusammenfassung, ehe Sie weiterlesen 44

Der zweite Schritt

Wie uns ein eingefleischtes Prinzip der Gesellschaft in Angst und Trab hält – das Prinzip von Vergleich und Wettbewerb 47

Wann es Zeit wird, innezuhalten und uns von Lob und
Tadel nicht mehr antreiben zu lassen 53

Warum wir nicht zögern sollten, den einfachen Nutzen
des Aufschreibens gegen die Ängste einzusetzen 60

Warum es besser ist, das Leben so zu nehmen, wie es ist,
statt ständig zu vergleichen 66

Zweite Zusammenfassung, ehe Sie weiterlesen 70

Der dritte Schritt

Warum wir so oft »ja« sagen, obwohl wir »nein« sagen
sollten – und umgekehrt 73

Einige Informationen, die Sie über das allgegenwärtige
manipulative Spiel und seine Techniken besitzen sollten 78

Wie man durch Wissen und Übung das Neinsagen lernen kann 85

Was Sie über das Autoritätsspiel wissen sollten, und wie
man sich dagegen zur Wehr setzt 90

Dritte Zusammenfassung, ehe Sie weiterlesen 96

Der vierte Schritt

Wer das Leben als Spiel betrachtet, hat erkannt, daß es
für den Sieg weder Garantie noch Sicherheit gibt 99

Wie sich ein Geschäftsmann davor schützte, mit seiner
Angst vor der Zukunft erpreßt zu werden 104

Warum es wichtig ist, sich von jeder Abhängigkeit erst
einmal zu distanzieren 109

Warum es sich im wahrsten Sinne des Wortes bezahlt
macht, nach den richtigen Sicherheiten zu suchen . . . 115

Vierte Zusammenfassung, ehe Sie weiterlesen 119

Der fünfte Schritt

Warum so viele Menschen ein Leben lang die große Freiheit suchen und warum nur wenige sie wirklich finden 123

Was es für mich bedeutet, an jedem Morgen aus einer Pistole zehn Schüsse abzugeben 128

Warum Sie nicht gleich vor Ehrfurcht erstarren sollten, wenn von Meditation die Rede ist 134

Fünfte Zusammenfassung, ehe Sie weiterlesen 140

Der sechste Schritt

Warum die Flucht vor der Einsamkeit nichts anderes ist als eine Flucht vor sich selbst 145

Wie man das Alleinsein einübt und die guten Seiten an sich entdeckt 150

Warum es wichtig ist, sich mit seinen zwei »Ich« ein wenig näher zu beschäftigen 154

Sechste Zusammenfassung, ehe Sie weiterlesen 160

Der siebente Schritt

Warum wir uns nicht einreden lassen sollten, daß es nur eine einzige Wahrheit gibt 163

Wie uns die anderen ihre Wahrheit einreden, um uns für ihre Ziele gefügig zu machen 168

Elf nützliche Anregungen, wie man sein persönliches »Lebensbuch« schreiben kann 172

Wie wir unser Selbstbekenntnis in vielen täglichen
Handlungen vertiefen können 182

Siebente Zusammenfassung, ehe Sie weiterlesen 186

Der achte Schritt

Warum wir uns so sehr davor fürchten, die Rolle zu
spielen, für die wir geschaffen sind 191

Wie man reagieren kann, wenn andere uns in eine Rolle
drängen möchten 195

Welche erstaunlichen Preise manche Menschen zahlen,
nur um nicht aus einer vorgefaßten Rolle zu fallen . . . 199

Warum es besser ist, Fragen zu stellen, statt sich hinter
Behauptungen zu verschanzen 203

Achte Zusammenfassung, ehe Sie weiterlesen 207

Der neunte Schritt

Warum wir unsere Angst niemals ganz bewältigen können, wenn wir es nur mit halbem Herzen versuchen . . 211

Fünf wichtige Konsequenzen, die wir ziehen sollten,
damit unsere besten Vorsätze nicht Stückwerk bleiben . 217

»Die Konsequenz des Lebens ist, daß es eines Tages mit
Gewißheit zu Ende geht« 220

Neunte und letzte Zusammenfassung, ehe Sie dieses
Buch aus der Hand legen 223

Nachwort 224

*Warum es besser ist, um seine Freiheit zu kämpfen,
statt sich ein Leben lang mit der Angst erpressen zu lassen*

Mehr als von allen anderen Einflüssen wird unser Leben von Angst und Schuldgefühlen bestimmt. Tag für Tag, von Kindheit an, wird uns das Fürchten gelehrt. Und warum? Weil jemand, der Angst hat, leichter manipuliert werden kann als einer, der weiß, was er will.
Die meisten von uns haben sich schon längst damit abgefunden, ein Leben in ständiger Angst zu führen. Sie haben Angst vor dem nächsten Weltkrieg, Angst vor Krebs, dem Sterben und davor, daß ihre Kinder sie enttäuschen könnten. Sie fürchten, daß ihr Partner sie betrügt oder daß sie bei irgend etwas erwischt werden, das verboten ist.
Man mag uns noch so überzeugend und eindrucksvoll daran erinnern, wie groß und schön die Freiheit ist, die wir genießen dürfen – in Wahrheit ist das nichts anderes als Heuchelei. Freiheit, Sicherheit und Wohlstand werden uns in den schönsten Farben ausgemalt, damit in uns ständig die Angst davor erhalten bleibt, daß wir all das eines Tages wieder verlieren könnten.
»Wenn du nicht tust, was wir von dir verlangen, nehmen wir dir wieder weg, was wir dir gegeben haben«, so lautet die Erpressungsformel.
Ob wir es wahrhaben wollen oder nicht, aber hinter allen Geboten und Verboten, allen Versprechungen und Errungenschaften steckt diese Erpressung. Je mehr wir besitzen, um so größer ist die Angst, es wieder zu verlieren. Und je

größer die Angst, um so bereitwilliger lassen wir uns manipulieren.
Es kann kein Zweifel darüber bestehen, daß Erpressung die Grundlage unseres Erziehungssystems ist – auf allen Ebenen unseres Lebens. Es beginnt in der Schule, wenn der Lehrer uns mit schlechten Noten droht. Ehefrauen halten ihre Männer in der Angst, sie zu verlassen oder sie vor der Umwelt lächerlich zu machen. Vorgesetzte nützen die ihnen zugeordnete Autorität, um Untergebene mit Hilfe der Angst zu unterdrücken.
Das System der Drohung und Erpressung ist ein integrierter Bestandteil unseres Lebens. Je größer der Wohlstand wird, um so leichter sind wir zu erpressen. Je mehr wir am Leben hängen, um so mehr verdienen Medizin und pharmazeutische Industrie daran, uns gesund zu machen oder am Leben zu erhalten.
Wir alle stehen täglich dutzendfach vor der Entscheidung, ob wir der umfassenden Erpressung nachgeben oder uns dagegen auflehnen sollen. Das eine bedeutet, unser Leben von jenen lenken zu lassen, die unsere Ängste zu ihrem Vorteil nützen. Das andere heißt, sich mit Erkenntnissen und Techniken vertraut zu machen, sein Leben in Freiheit selbst zu gestalten.
Wer versucht, aus dem Kreislauf der Erpressung mit der Angst auszubrechen, hat nur eine einzige wirkliche Chance auf Erfolg: Wenn er nicht bei anderen Hilfe oder Trost sucht, sondern selbst darangeht, Schritt für Schritt ein neues Bewußtsein von Furchtlosigkeit aufzubauen.
Wer sein Leben ernsthaft ändern will, muß bei sich selbst beginnen. Weniger mit großen Worten, als mit kleinen Taten. Das Ziel ist einfach zu erklären: Wir müssen lernen, mit Freude das zu tun, was wir bisher aus Angst unterlassen haben.
Es wird niemandem gelingen, die Ängste abzuschaffen, aber

jeder kann vieles tun, sie zu meistern. Wer beispielsweise lernt, Krankheit und Schmerz nicht mehr zu fürchten, ist den Ärzten nicht mehr hilflos ausgeliefert. Wer bereit ist, auf einigen Besitz zu verzichten, braucht keine Angst mehr zu haben, ihn zu verlieren. Wer die Grenzen seines Lebensstils selbst absteckt, kann nicht mehr mit der manipulativen Botschaft verlockt werden: »Alle tun es, da darfst du als einzelner dich nicht ausschließen.«

Angst und Erpressung zu begegnen bedeutet nichts anderes, als Freiheit und Sicherheit dort zu suchen, wo sie beginnen und enden. Nicht in unserem Job, nicht bei Ideologien, beim Staat oder bei anderen Leuten, sondern einzig und allein bei uns selbst. Wer in diesem Bemühen erfolgreich ist, kann damit nicht nur sich selbst verändern.

Industrien müßten Rücksicht darauf nehmen, wenn plötzlich Millionen Frauen keine Angst mehr vor dem Altern hätten und ihre Falten herzeigten, statt sie zu übermalen. Politiker müßten von ihren hohen Rössern steigen, wenn sich die Wähler nicht mehr einreden ließen, daß der Staat ihnen Glück schenke und Sicherheit. Der Wähler wäre nicht mehr darauf angewiesen, weil er Glück und Sicherheit in sich selbst gefunden hat.

Sicherlich, die Aufzählung solcher Möglichkeiten ist reine Utopie. Selbst wenn es danach aussieht, als ob eine weltweite Bewegung im Gange sei, die nach einer neuen Lebensform und einem neuen Freiheitsbewußtsein sucht. Aber die Kunst, ohne Angst zu leben und die Freiheit in sich selbst zu finden, kann niemals Massen in Bewegung setzen.

Tatsache ist, daß die Mehrheit der Menschen offensichtlich Angst, Schuldgefühle und Erpressung braucht, um sich der Gemeinschaft anzupassen, und gar nicht daran denkt, sich dagegen aufzulehnen.

Wer mit dem Bestehenden zufrieden ist, sollte es auch bleiben. Noch nie konnte jemand wirklich erfolgreich etwas

verändern – sein eigenes Leben inbegriffen –, der nicht von Unbehagen oder Zorn, von Sehnsucht oder festem Glauben getrieben war.
Wer diese Eigenschaften nicht kennt, darf nicht erwarten, in der Kunst, ohne Angst zu leben, Fortschritte zu erzielen.

Einige offene Hinweise darauf, was Sie sich von diesem Buche erwarten dürfen und was nicht

Ehe Sie sich in die folgenden Seiten vertiefen, hier einige Anregungen, wie Sie daraus den größten Nutzen für sich ziehen können. Obwohl mir als Autor bewußt ist, daß viele Leser auf einen Nutzen gar keinen Wert legen. Sie möchten »darüber reden« oder »mitreden« können, aber sie möchten nicht daran erinnert werden, daß sie Aktivitäten setzen und Risiken eingehen sollen.

Ohne Angst leben – diese Kunst zu praktizieren beinhaltet ein gewisses Risiko. Seine Ängste zu bewältigen bedeutet schließlich, das zu tun, wovor man so lange Angst gehabt hat. Es bedeutet auch, das Mißfallen seiner Umwelt zu erregen.

Wenn ein Untergebener sich nicht mehr davor fürchtet, seinem Chef die Meinung offen zu sagen, weil er dadurch Nachteile haben könnte, kann er nicht mehr mit der Angst vor Entlassung erpreßt werden. Seine Ängste zu meistern bedeutet schließlich auch, sich nicht mehr blindlings den etablierten Autoritäten unterzuordnen.

Niemand ist daran interessiert, daß wir respektloser und freier werden. Keiner unserer ungezählten Erzieher – sei es der Chef, der Staat oder die Leute von der Werbung – wird sich darüber freuen, wenn wir seinen Drohbotschaften nicht mehr mit dem erforderlichen Respekt begegnen. Er hat sich schließlich schon daran gewöhnt, uns mit einer angedeuteten Erpressungsformel manipulieren zu können.

Respekt und Achtung, Liebe, Verehrung, Autorität und Verlockung – hinter allem steht die Angst als Instrument der Manipulation, mit dem wir unter Druck gesetzt werden.
Wer sich diesem Lenkungssystem entzieht, stellt sich außerhalb der genormten Masse und ihres Verhaltens und wird ganz bewußt in irgendeiner Weise diskriminiert. Nach der Methode, die in allen Heeren der Welt üblich ist: Wenn ein einzelner aus der Reihe tanzt, wird die ganze Gruppe dafür bestraft. Damit sie sich an dem einzelnen rächt und ihn wieder zur Vernunft bringt. Und wie? Mit Hilfe der Angst, noch einmal ausgestoßen zu werden, wenn er aufzubegehren wagt.
Die Kunst, ohne Angst zu leben, ist eine Strategie in neun Schritten, Alternativen gegen die Abhängigkeit von Angst und Schuldbewußtsein aufzubauen. Nach dem Prinzip von Erkenntnis und Übung.
Erkenntnis bedeutet: Es genügt nicht, ein paar Methoden zu erlernen, mit der Angst fertig zu werden. Es ist vielmehr notwendig, die Zusammenhänge zu begreifen, seine eigenen Maßstäbe zu erkennen und sich damit zu identifizieren. Wer nicht erkennt, wer er ist und was er wirklich erreichen will, hat seinen Ängsten nichts Besseres entgegenzusetzen.
Übung bedeutet: Verhaltensweisen, an die wir uns viele Jahre lang gewöhnt haben, können wir nicht von heute auf morgen ändern. Genauso permanent, wie die Ängste uns begleitet haben, müssen wir die Alternativen in uns verankern. Bis sie eines Tages ein selbstverständlicher Bestandteil unseres Verhaltens sind.
Dieses Buch befaßt sich nicht mit den theoretischen und wissenschaftlichen Aspekten der Angst. Es verfolgt nur die einfache Absicht, Erkenntnisse und Methoden aufzuzeigen, mit denen jeder sein Leben besser meistern kann, der sich ernsthaft bemüht.

Die Philosophie, die hier vertreten wird, ist leicht zu durchschauen. Sie lautet: Unser Leben ist kurz und persönlich. Wir sind nicht dazu geboren, uns für andere abzuquälen und aufzuopfern, sondern aus unserem eigenen Leben das Beste zu machen. Nicht irgendwann einmal, in einer unbestimmten Zukunft, für die uns andere das Paradies versprechen, sondern jetzt, hier und heute.

Wenn es also einen Sinn hat zu kämpfen, dann um unser ganz persönliches Glück und unsere Freiheit. Nichts aber engt diese Freiheit mehr ein als Angst und Schuldgefühle.

Was diese Grundgedanken betrifft, so gleicht das vorliegende Buch den vier anderen, die ich im Laufe der vergangenen zwölf Jahre geschrieben habe:

- In »Manipulieren, aber richtig« habe ich zu beschreiben versucht, wie wir uns vor ungewollter Manipulation durch die Mitwelt schützen können, indem wir die Regeln des manipulativen Spieles lernen und zu unserem eigenen Nutzen verwenden.
- In »Die Kunst, ein Egoist zu sein« ging es um das konsequente Bekenntnis zu sich selbst und seiner individuellen Entfaltung, statt immer nur darauf zu warten, bis jemand kommt, der uns sagt, was wir denken, tun, glauben und kaufen sollen. Es wird dem Leser empfohlen, nach eigenen Maßstäben zu leben, nicht mehr nach jenen, die seine Umwelt ihm aufzwingt.
- »Hilf dir selbst, sonst hilft dir keiner« war die Ermunterung, einige erprobte Praktiken der Selbsterziehung neu zu überdenken und sich die Fähigkeit, verzichten zu können, anzueignen.
- »Die Kunst, ohne Überfluß glücklich zu leben« schließlich forderte zum Leben nach eigenen Maßstäben auf und zum Innehalten im Kreislauf ständig steigender Leistung und wachsenden Konsums.

Jedes dieser Themen steht in vielerlei Verbindung mit der

Angst. »Die Kunst, ohne Angst zu leben«, ist deshalb nicht mehr und nicht weniger als ein weiterer Weg für die Suche nach uns selbst und unser tägliches Glück.

Viele grundlegende Erfahrungen und Techniken in diesem Buch entsprechen jenen, die in den anderen schon beschrieben wurden. Einige davon werden hier trotzdem wiederholt, weil Wiederholung schließlich die Voraussetzung jeder Einübung ist.

Der Aufbau der vorliegenden neun Schritte zum Erlernen der Kunst, ohne Angst zu leben, entspricht ebenfalls dem Prinzip des Einübens. Wer an nachhaltigem Nutzen interessiert ist, dem wird folgende Vorgangsweise empfohlen:

- Lesen Sie ein Kapitel.
- Prüfen Sie den Inhalt subjektiv und kritisch.
- Gestalten Sie das Gelesene so um, wie es Ihnen für Ihre persönlichen Bedürfnisse geeignet erscheint.
- Üben Sie die neuen Verhaltensweisen ein, ehe Sie zum nächsten Kapitel übergehen.

Dieses schrittweise Vorgehen hat den Vorteil, daß Sie von Schritt zu Schritt nicht nur Ihre eigenen Erfahrungen sammeln, sondern daß durch zunehmende Erfolge sich auch Ihr Selbstbewußtsein stärkt. Und genau das ist es, was Sie für die Bewältigung Ihrer Ängste brauchen.

Der erste Schritt

Den ersten Schritt zur »Kunst, ohne Angst zu leben«, tun wir, wenn wir uns damit beschäftigen, welche Rolle unsere Gedanken dabei spielen.

Sie können uns angst machen, oder sie können uns Mut machen. Was wir tun können, um sie auf den richtigen Weg zu lenken: darum geht es auf den folgenden Seiten.

Eines sollten Sie von Anfang an bedenken: Ihre Angst ist das, was Ihre Gedanken daraus machen

Wer ernsthaft darangeht, sich mit seinen Ängsten zu beschäftigen, muß sich zuallererst fragen: Wozu sind unsere Ängste da und wie kommen sie zustande?
Zweifellos hat die Angst in unserem Leben eine nützliche Funktion. Sie hindert uns daran, gelegentlich blindlings ins Verderben zu rennen. Sie signalisiert uns: »Vorsicht, Gefahr! Nimm dich in acht!« Es liegt an uns, wie wir darauf reagieren. Ob wir alle Kräfte mobilisieren, um das gefürchtete Problem zu lösen. Oder ob wir lieber die Flucht ergreifen. Wenn eine signalisierte Gefahr für uns überschaubar ist und wir uns stark genug fühlen, hat die Angst keine Chance, uns zu entmutigen. Wir werden in diesem Falle unsere Gedanken und unsere Phantasie dazu verwenden, über die erforderlichen Abwehrmaßnahmen nachzudenken.
Wenn wir andererseits auf ein Gefahrensignal mit der Tendenz zur Flucht reagieren, dann gibt es dafür folgende Gründe:
- Wir überschätzen eine Gefahr, weil wir zu wenig darüber wissen.
- Wir wissen alles über die Gefahr, aber wir unterschätzen unsere eigene Fähigkeit, sie zu bewältigen.
- Wir lassen uns von anderen Leuten entmutigen.
- Wir sagen aus reiner Bequemlichkeit: »Ich tue nichts, dann riskiere ich auch nichts.« Statt wenigstens einen Versuch zur Bewältigung der Aufgabe zu unternehmen.

Alle vier Gründe haben eines gemeinsam: Wir handeln nicht, sondern lassen uns von Angst zur Passivität verleiten. Wir wehren uns nicht, sondern geben uns von vorneherein geschlagen. Davon wird auch bestimmt, welchen Lauf unsere Gedanken nehmen. Denn sie allein sind es, die unsere Angst vergrößern, bis wir in Panik geraten. Obwohl sie uns ebensogut sagen können: »Moment einmal, bevor ich die Angst bestimmen lasse, wie ich mich verhalte, analysiere ich erst einmal die Situation.«

Was vor sich geht, wenn der Kreislauf der Angstgedanken die Oberhand behält, kennen wir alle aus der täglichen Praxis unseres Lebens zur Genüge. Hier ein Beispiel, das vielen Leuten nicht unbekannt ist: die Unfähigkeit, abends fröhlich und unbekümmert einschlafen zu können, um am nächsten Tag frisch und ausgeruht zu sein.

Ich weiß nicht, wie viele Medikamente im vergangenen Jahr aus diesem Grunde von wie vielen Menschen geschluckt worden sind und welche körperlichen und seelischen Schäden dadurch schon hervorgerufen wurden. Ich habe allerdings eine Ahnung von der Verzweiflung solcher Menschen, weil ich viele Stunden damit zugebracht habe, mit einigen von ihnen nach praktischen Lösungen zu suchen.

Für die herkömmliche Medizin ist das Nicht-einschlafen-Können kein Problem. Es gibt genügend Pulver und Tabletten, die Körper und Geist betäuben, damit sie Ruhe finden. Mit welchen Folgen, darüber wird nicht gesprochen. Wichtig ist allein, daß der Umsatz gesteigert wird. Alle, die von unserer Angst profitieren, nicht einschlafen zu können, denken zuerst an sich, und wir sind Bestandteil ihrer Kalkulationen und Produktionsziffern.

Es sei denn, wir hören damit auf, uns mit unserer Angst anderen Leuten auszuliefern, und fangen an, nach eigenen Wegen zur Bewältigung der Angst zu suchen.

Wenn jemand also regelmäßig abends nicht einschlafen

kann, wird sich bei ihm immer wieder der gleiche Gedankenkreislauf vollziehen:

Erste Stufe:
Falls er während des Tages an das Einschlafen denkt, wird ihm die vergangene Nacht einfallen. Wie er wach im Bett lag und sich von einer Seite auf die andere wälzte. Wie tausend unzusammenhängende Gedanken durch seinen Kopf schwirrten. Und immer wieder die verzweifelte Frage: Warum kann ich bloß nicht einschlafen? Andere können es ja auch.

Zweite Stufe:
Er ist zu Bett gegangen und hat sich ein dutzendmal befohlen: »Jetzt schlafe ich!« Aber es hat nichts genützt. Ihm wird allmählich bewußt, daß sein Körper seinem Willen nicht gehorcht, und das steigert seine Angst zur Panik.

Dritte Stufe:
Er kommt zu dem Schluß, daß er selbst sich mit seinen Möglichkeiten nicht helfen kann. Er resigniert. Sein Selbstbewußtsein ist auf dem Tiefpunkt angelangt, Selbsterniedrigung tritt an seine Stelle. Gedanken wie diese gehen ihm durch den Kopf: »Du bist eben ein Versager. Du wirst es nie schaffen.«
Nun kann es durchaus sein, daß durch dieses Bekenntnis eine große Entspannung eintritt, und er bald darauf erschöpft einschläft. Oder er greift zum Schlafpulver – wenn er es nicht schon lange vorher geschluckt hat, um den ganzen qualvollen Vorgang abzukürzen.

In diesem Angstkreislauf, der sich zur Panik entwickelt, gibt es zwei Entscheidungssituationen, die wir uns in aller Deutlichkeit bewußt machen sollten:

Erste Entscheidungssituation – Die Vorschau

Wir können beim ersten Gedanken an das bevorstehende Problem daran denken, wie wir in der vergangenen Nacht bei seiner Bewältigung gescheitert sind. Unsere Phantasie kann sich daran festkrallen, alle hilflosen und selbsterniedrigenden Phasen noch einmal in Erinnerung zu rufen. Bis wir uns vorausschauend sagen: »Wenn es heute abend auch wieder so schlimm wird, dann schaffe ich es wieder nicht.«

Wir können aber ebensogut beim ersten Gedanken an das Einschlafen unsere Phantasie einen ganz anderen Film abspulen lassen. Den Film, wie wir friedlich und entspannt im Bett liegen werden. Wie wir die Gedanken der Angst durch Gedanken an schöne Dinge ersetzen. Wie wir uns nicht hilflos fühlen, sondern stark, und wie wir dieses Selbstbewußtsein durch lange, tiefe Atemzüge zum Ausdruck bringen.

Wie gesagt: Es gilt, uns bewußt zu machen, daß es nur an uns liegt, welchen dieser beiden Filme wir wie Kassetten beim ersten ängstlichen Gedanken an das Einschlafen in den Abspulmechanismus unserer Phantasie einlegen.

Zweite Entscheidungssituation – Die Konfrontation

Wenn wir abends im Bett liegen und unsere Gedanken die Frage stellen: »Werden wir es diesmal schaffen oder nicht?«, dann stehen wir vor der zweiten Entscheidungssituation. Wir können denken: »Was ich mir da am Vormittag von friedlichem Entschlummern und Atmen ausgedacht habe, war ja schön und gut. Aber hilft es mir jetzt, wenn ich es brauche?« Ich kann also die »Unruhe- oder Zweifelkassette« in den Mechanismus meiner Phantasie einlegen.

Wenn wir das tun, besteht wenig Zweifel daran, daß sich die anfangs vorsichtigen Zweifel immer weiter ausbreiten werden. Was der Angst am Vormittag nicht gelang, schafft sie jetzt. Sie ruft uns die Horrorvisionen des Nicht-einschlafen-

Könnens aus den vielen unruhigen vergangenen Nächten in Erinnerung. Bis schließlich das eintritt, was schon so oft passiert ist: Die Zweifel werden zur Hilflosigkeit, die Hilflosigkeit steigert sich zur Selbstaufgabe.
Wie gesagt, das passiert mit großer Wahrscheinlichkeit, wenn wir es zulassen, daß in unseren Gedanken die falsche Kassette abgespult wird.
Ebensogut können wir uns aber auch in diesen Augenblicken der Konfrontation mit der gefürchteten Gefahr die Alternativ-Vorstellung suggerieren. Wir phantasieren von wogenden Feldern und ruhig dahinziehenden Wolken, atmen ganz bewußt ruhig und tief und freuen uns darüber, daß wir selbst bestimmen, woran wir denken, statt es der Angst zu überlassen.
Was hier anhand praktischer Beispiele über das Nicht-einschlafen gesagt wird, ist typisch für die meisten Angstsituationen unseres täglichen Lebens.

- Es gilt gegenüber dem Beruf und den Kollegen – vor allem den Vorgesetzten –, mit denen wir uns auseinanderzusetzen haben.
- Es gilt für den Schüler, der sich vorstellen kann, wie er bei einer Prüfung versagt – oder wie er sie meistert.
- Natürlich gilt es auch für das Zusammenleben in jeder Art von Partnerschaft. Denn einander zu lieben, heißt keinesfalls, daß man sich deshalb voreinander nicht fürchtet.

Überall treten die Entscheidungssituationen auf, von denen hier die Rede ist. Und immer wieder stehen wir in diesen Sekunden dabei vor der Alternative: Lasse ich meinen Angstgedanken ihren Lauf oder entschließe ich mich dazu, sie nach meinen Vorstellungen zu lenken.
In diesem Falle stellt sich die Frage: Wie können wir das?

Vier wichtige Einflüsse, die den Lauf unserer Gedanken bestimmen

Ehe wir uns mit der Frage beschäftigen: »Wie kann ich verhindern, daß mich meine Gedanken in Angst und Panik versetzen?« ist es notwendig, einige Einflüsse kennenzulernen, die darüber bestimmen, wie sich unsere Gedanken entwickeln. Ob sie uns zum Handeln anregen oder zur Flucht. Hier sind diese vier Einflüsse:

1. Die vorgefaßten Normen
In nahezu jeder Entscheidungssituation suchen wir vorerst nach Sicherheit bei eingelernten Normen. Wenn mich beispielsweise jemand einlädt, mit ihm in die Oper zu gehen, frage ich in dem von meinen Erziehern angelegten Normenarchiv in mir an und erhalte vielleicht die Antwort: »Wer in eine Oper geht, gilt als gebildet.«
Ich muß mich nun entscheiden, ob ich dieser allgemeingültigen Norm entsprechen will oder nicht. So kann ich zu dem Schluß kommen: »Mir bedeuten Oper und das ganze Drumherum zwar nichts, aber ich gehe hin, damit ich als gebildet angesehen werde. Denn ich habe Angst davor, als ungebildet zu gelten.«
Ein anderes Beispiel: Ich befinde mich in der Situation, entweder zu lügen und dadurch einen Vorteil zu erlangen, oder die Wahrheit zu sagen und damit einen Nachteil in Kauf zu nehmen.
Die von Kindheit an in unserem Normenarchiv gespeicherte

Formel lautet vermutlich: »Wer die Wahrheit sagt, ist ein guter Mensch; Lügen ist verwerflich und wird bestraft.« Mein Ausmaß an Angst davor, beim Lügen entdeckt und bestraft zu werden, wird über den Ausgang meiner Entscheidung bestimmen.
Natürlich spielen dabei meine Gedanken eine wichtige Rolle. Sie können die Formel aufnehmen und mir in unangenehme Erinnerung bringen, wie ich irgendwann einmal beim Lügen ertappt und vor anderen Leuten bloßgestellt wurde. Meine Gedanken können aber ebensogut eine ganz andere Richtung einschlagen und ausmalen, welchen Spaß es mir machen wird, jemanden mit einer kleinen Lüge übers Ohr zu hauen.
Unendlich viele Normen sind in uns gespeichert. Es sind anerzogene »Das-tut-man«- und »Das-tut-man-nicht«-Formeln, Erfahrungen und Vorurteile aller Art. Selbstverständlich ist dort auch programmiert, wovor »man« Angst haben muß und wovor nicht, oder was gut ist und was schlecht, modern und unmodern.
So fürchtet »man« sich vor Krebs, dem Tod, vor Chefs, Polizisten, Zahnärzten, vor dem Gebären, vor Blamagen, Niederlagen und Arbeitslosigkeit. Diese – und noch ungezählte andere – vorprogrammierte Angstnormen werden abgerufen, wenn wir vor Entscheidungen stehen. Wenn wir auf Nummer Sicher gehen und uns so verhalten wollen, wie »man« sich verhält, dann fragen wir nicht lange und tun, was die Norm uns vorschreibt. Wir stehen dann im Einklang mit den Verhaltensweisen der Mehrheit.
Allerdings nur so lange, wie unser Normenarchiv ausschließlich von äußeren erzieherischen Einflüssen bestimmt wird und wir selbst keine Korrekturen vorgenommen haben. Korrekturen, die weniger auf allgemeines Wohlverhalten Wert legen als auf eigene individuelle Erfordernisse.

2. Die Entscheidungsalternativen

Wenn wir uns in den Augenblicken einer Entscheidung nur auf die relative Sicherheit der »Das-tut-man«-Formeln aus unserem Normenarchiv stützen, ist alles klar. Wir riskieren nichts und sind damit zufrieden, was wir dafür bekommen. Demgemäß fällen wir unsere Entscheidung und handeln danach.

Wir können allerdings auch in dieser Phase des Entscheidungsvorganges Alternativen zu den vorgefaßten Normen in unseren Denkprozeß einbeziehen. Zwei Varianten sind dabei möglich:

A. Wir haben bereits vorgefaßte allgemeine Normen durch eigene, individuelle ersetzt. Etwa, indem wir uns grundsätzlich entschieden haben: »Mir ist es völlig gleichgültig, ob mich meine Umgebung für gebildet hält oder nicht. Deshalb gehe ich auch niemals nur deshalb in die Oper, um als gebildet zu gelten.« In diesem Falle ist es völlig klar, daß wir aufgrund dieser Norm die Einladung eines Prestigebesuches in der Oper ablehnen werden.

B. Wir setzen jeder allgemeinen Normformel in jedem einzelnen Falle eine persönliche Alternativformel entgegen. Wir fragen uns: »Das also ist gut in den Augen der Mitwelt, was aber ist in dieser besonderen Situation gut für *mich*?«

Welche Variante wir auch wählen, beide führen dazu, daß unsere Gedanken dadurch in eine bestimmte Richtung gelenkt werden. Sie werden angeregt, sich damit auseinanderzusetzen, ob es nicht eine für uns persönlich bessere Entscheidung gibt als das kritiklose Befolgen einer eingelernten Norm.

3. Das Spiel der Gedanken

Wir haben also bei unserer Suche nach einer Entscheidung grundsätzlich die Weichen so gestellt, daß wir den Weg des

allgemeinen Wohlverhaltens gehen oder aus der Rolle fallen. Was allerdings noch keinesfalls heißt, daß wir uns tatsächlich so entscheiden und später entsprechend handeln werden.
Denn zwischen Entscheiden und entscheidungsgerechtem Handeln stehen vielerlei Hindernisse. Das größte davon ist das Spiel unserer Gedanken. Es kann uns in einer Vorstellung bestärken, aber es kann uns genauso gut davon abbringen. Letzten Endes hängt es wieder davon ab, welche Art von Kassette wir in den Abspulmechanismus unserer Phantasie einlegen:

- Entweder die Kassette: »Ich weiß jetzt zwar, was gut für mich wäre, aber was nützt mir das? Ich schaffe es ja doch wieder nicht. Immer, wenn es soweit ist, meine Entscheidungen auszuführen, verläßt mich der Mut. Also, was soll's, es hat ja doch keinen Zweck.«
- Oder die Kassette: »Mir ist jetzt klar, was ich tun will. Es wird nicht einfach sein, aber dafür wird es mir doppelten Spaß machen, wenn ich Erfolg damit habe. Als ich vor einiger Zeit in der gleichen Situation war, hat es nicht so richtig geklappt. Aber inzwischen habe ich dazugelernt. Ich weiß, daß ich es kann.«

Genauso, wie wir in uns ein Archiv für Verhaltensnormen haben, gibt es zweifellos auch ein Archiv für Alternativkassetten. Manche Menschen scheinen dort ausschließlich Klagetexte gelagert zu haben, mit einer reichhaltigen Auswahl von Ausreden, Mitleidsformeln und Argumenten, warum sie nicht tun, was sie eigentlich tun möchten.
Andere wieder greifen grundsätzlich zu den Ermutigungskassetten, um sich für die Verwirklichung einer Entscheidung positiv aufzuladen. Es kann überhaupt keinen Zweifel geben, daß diese zweite Gruppe mehr Chancen hat, eine Entscheidung in die Tat umzusetzen und bei ihrem Vorhaben erfolgreich zu sein.

Alles hängt in hohem Maße davon ab, welche der beiden möglichen Kassetten wir einlegen, um die Tendenz der Gedanken zu bestimmen, die uns für ein Vorhaben aufbauen oder davon abhalten. Wenn sie uns davon abhalten, geschieht es fast immer zusammen mit einer Vorstellung von Angst. In den meisten Fällen ist es die Angst vor der Niederlage oder dem Versagen.

4. Die Konsequenz der Entscheidung
In einer Zeit der Vermassung der Menschen, wie wir sie erleben, nimmt das persönliche Verantwortungsbewußtsein genauso ab wie Risikobereitschaft und Entscheidungsfreude.
Entscheidungen werden heute immer öfter in Gremien gefällt. Wenn dort zwölf Personen einstimmig für eine Sache sind, gilt die Entscheidung als richtig. Auch wenn sie zu katastrophalen Folgen führt.
Der einzelne hat für sein persönliches Leben in diesem System eine ähnliche Position bezogen. Er ordnet sich ein und wartet, bis andere ihm seine Entscheidung und letzten Endes auch das Denken abnehmen. Er erwartet, daß andere für seinen Arbeitsplatz sorgen und ihn im Alter absichern. Dafür ist er bereit, sich lebenslang ein- und unterzuordnen und sich auch zu prostituieren, wenn es erforderlich scheint. Was ihn dazu treibt, ist die Angst, daß er selbst zu schwach sein könnte, seinen eigenen Weg einzuschlagen, von dem er insgeheim ein Leben lang träumt.
Diese Einstellung hat die Konsequenz unserer Entscheidungen zutiefst korrumpiert. Wir sagen nicht mehr: »Ich tue das, weil es für mich richtig ist.« Wir sagen: »Ich tue das, aber nur, wenn es mir keinen Nachteil bringt.«
Selbstverständlich wollen wir alle in unserem Leben nichts anderes als unseren eigenen Vorteil, auch wenn wir es der Umwelt gegenüber nicht zugeben. Aber weil es keinen Vor-

teil ohne ein Risiko gibt, müssen wir immer wieder Nachteile in Kauf nehmen, um ein Ziel zu erreichen.

Eine Entscheidung mit der erforderlichen Konsequenz zu fällen, heißt deshalb, eine mögliche Niederlage in Kauf zu nehmen, wenn sie unvermeidlich ist. Aber an nichts anderes zu glauben als an den Erfolg.

Das sind vier entscheidende Einflüsse, die unser Denken und Handeln bestimmen. Es mag sein, daß sie Ihnen bisher nie so richtig bewußt geworden sind. Ein Grund mehr, ein wenig darüber nachzudenken und den Bezug zu Ihren eigenen Entscheidungen herzustellen.

Stellen Sie sich einige Fragen, wie diese:

- Wie entwickeln sich meine täglichen Entscheidungen, habe ich mir diesen Vorgang schon einmal bewußt gemacht?
- Welche Normen sind in meinem eigenen Archiv programmiert?
- Handle ich kritiklos nach anerzogenen Verhaltensformeln oder suche ich nach individuellen Alternativen?
- Nütze ich die Möglichkeit, meine Gedanken nach eigenen Vorstellungen zu lenken oder habe ich mich damit abgefunden, daß ich meine Gedanken nicht kontrollieren kann?

Mit solchen Fragen sollten Sie sich in aller Ruhe auseinandersetzen, ehe Sie den nächsten Abschnitt dieses Buches lesen.

Eine einfache Technik, innezuhalten und den Kreislauf der Angstgedanken zu unterbrechen

Um für das Buch »Die Kunst, ohne Überfluß glücklich zu leben« praktische Erfahrungen zu sammeln, ließ ich mich vor einigen Jahren kurze Zeit mit meinem Sohn Harald auf einer griechischen Insel aussetzen. Sie war unbewohnt, felsig und kahl. Wir wußten auch, daß es dort kein Wasser gab. Was wir jedoch nicht ahnten, war, daß es von Ratten wimmelte, die nachts aus ihren Löchern kamen.
Dieser Tatsache verdanke ich eines meiner eindringlichsten Erlebnisse mit der Angst. Ich konnte an mir selbst beobachten, wie meine Gedanken sich selbständig machten und mir Schreckensbilder vorgaukelten, bis ich in einen Zustand hilfloser Panik geriet.
Mein Sohn und ich schliefen in einer Felsnische auf dem Boden, als schon in der ersten Nacht die Tiere über uns kamen. Sie huschten die steilen Wände auf und ab, fegten über unsere Schlafsäcke hinweg, nagten an den wenigen Vorräten und schnupperten neugierig an unseren Gesichtern herum.
Den Jungen, er war damals sechzehn Jahre alt, schien das alles nicht zu stören. Er schlief friedlich vor sich hin. Ich aber lag hellwach, und Stunde um Stunde drehten sich meine Gedanken nur um das eine Thema: die Ratten.
In meinem Normenarchiv war, wie bei den meisten von uns, die Vorstellung gespeichert: »Ratten sind bösartige Tiere, vor denen man Angst haben muß.« Eine Norm, die ich kri-

tiklos übernahm, während meine Phantasie sie zu gewaltigen Negativbildern ausbaute.
So stellte ich mir vor, daß eines der Tiere mir ein Stück aus der Nase oder der Wange beißen oder das Auge ausreißen würde. Ich quälte mich stundenlang mit der Vorstellung ab, eines der Tiere könnte sich in meinen Schlafsack verirren und sich in meinem Körper verkrallen.
Aus solchen Schreckensbildern entstanden immer wieder neue. Ich stellte mir mein entstelltes Gesicht im Spiegel vor. Oder wie hilflos ich sein würde, wenn ich hier auf dieser verlassenen Insel durch einen Rattenbiß eine Blutvergiftung erleiden sollte. Was würden dann alle die Leute sagen, die mich vor diesem Unternehmen gewarnt hatten? Und so weiter, und so weiter.
Drei Nächte lang ging das so. Tagsüber, wenn auf der baumlosen Insel die Sonne auf uns niederbrannte und wir damit beschäftigt waren, unsere Mahlzeiten aus dem Meer zu fischen, tauchte unweigerlich von Zeit zu Zeit die bange Frage auf: »Wie wird das heute nacht wieder werden?«
Es passierte mir in dieser Extremsituation genau das, was die meisten von uns regelmäßig aus unbedeutenderen Anlässen lebenslang verfolgt: Die Gedanken bewegen sich im Kreislauf der Angst und jagen uns von einer Panik in die nächste. Bis wir keine klare Entscheidung mehr treffen können und uns dem Schicksal überlassen. Oder anderen Menschen, die schon darauf gewartet haben, uns zu ihrem Vorteil helfen zu können.
Aber auf dieser Insel gab es keinen Fluchtweg, auch keine anderen Menschen, die sich um mich kümmern konnten, egal um welchen Preis. Ich selbst mußte es tun.
Die erlösende Idee kam mir, als ich am vierten Tag nachmittags dösend am Strand lag: Ich mußte durch körperliche Aktivität die passive Haltung meines Geistes überwinden. Ich mußte zielführend handeln, statt ziellos zu denken.

In der folgenden Nacht kroch ich erst gar nicht mehr in meinen Schlafsack. Ich legte mich mit einer Steinschleuder auf die Lauer, die wir als einzige Waffe mit uns führten. Es dauerte bis zur Morgendämmerung, als es mir endlich gelang, eine der Ratten zu erlegen. Ihr Ende schreckte offensichtlich die anderen davor ab, uns weiter zu belästigen.

Meine Erkenntnis aus dieser Erfahrung lautet: Solange ich passiv auf dem Felsen lag, war ich hilflos den Angstgedanken ausgesetzt, die sich immer mehr meiner Kontrolle entzogen. Erst als ich eine gezielte Entscheidung traf und aktiv etwas zur Änderung meiner Situation unternahm, war die Angst kein Problem mehr für mich.

Zugegeben, meine Situation machte es mir in dieser Hinsicht leicht, zu solchen Erkenntnissen zu gelangen. Mir blieb nichts anderes übrig. Im Alltag ist das ungleich schwieriger. Da unterstützt uns die Mitwelt dabei, im Zustand der Angst zu verbleiben, statt uns zu einer Lösung durchzukämpfen. Es ist schließlich viel bequemer, sich bemitleiden zu lassen oder die Initiative anderen zu überlassen, statt aktiv zu werden.

Einige Jahre nach meinem Erlebnis mit den Ratten erfuhr ich von einer Technik, die sich geradezu ideal dafür eignet, den ersten Schritt zu machen, um den Kreislauf der Angst zu unterbrechen, noch ehe er uns zu versklaven beginnt.

Diese einfache Technik dauert zehn Sekunden oder weniger und nennt sich »Teilentspannung«: Ich lernte sie durch den Psychologen Bernhard Ludwig kennen, der damit bei der Betreuung Tausender durch Herzinfarkt geschädigter Patienten erstaunliche Erfolge erzielte.

Hier sind die vier Phasen dieser Übung:

Erste Phase:
Aufrecht stehen, die Schultern zu den Ohren hochheben und ruhig einatmen.

Zweite Phase:
Den Atem kurz anhalten, die Arme locker hängen lassen.

Dritte Phase:
Die Schultern locker fallen lassen. Dabei gleichzeitig ausatmen und denken: »Die Schultern sind ganz schwer.«

Vierte Phase:
Wenn die Schultern entspannt sind und Sie ausgeatmet haben, denken Sie die Formel: »Ich bin ganz ruhig und frei von Angst. Ich handle sofort.«

Diese Übung ist so aufwandlos, daß mich manche Leute spontan fragen: »Und das ist alles? Damit soll ich meine Ängste loswerden können?«
Natürlich wird noch niemand seine Ängste los, wenn er diese »Teilentspannung« gelegentlich einmal ausprobiert. Aber wenn er sich daran gewöhnt, sie als selbstverständlichen Bestandteil des täglichen Verhaltens zu praktizieren, dann kann sie ganz sicher der erste entscheidende Schritt zur Angstbewältigung sein.
Aber nicht nur das. Wer darangeht, seine Ängste besser zu meistern, baut gleichzeitig die Fähigkeit auf, ganz allgemein seine Gedanken gezielter zu kontrollieren. Und das bedeutet unter anderem auch:

- sich besser konzentrieren zu können;
- sich nicht mehr so leicht von der täglichen Hektik mitreißen zu lassen;
- aufmerksamer auf die manipulativen Bemühungen der Mitwelt zu achten; sie rechtzeitig zu erkennen, um Gegenmaßnahmen treffen zu können.

Gewiß ist, daß niemand, der sich »Die Kunst, ohne Angst zu leben« aneignen will, damit zufrieden sein darf, ein paar neue Verhaltensregeln zu lernen. Kleine Tricks, die sofort wirken.

Die Angst ist ein entscheidender Bestandteil unserer Persönlichkeit. Viele Jahre hindurch eingelernt und immer wieder von unserer Mitwelt als manipulatives Instrument gezielt in uns verankert. Wenn wir uns daranmachen, unsere Ängste so weit zu meistern, daß sie uns nicht mehr am Glücklichsein hindern, dann müssen wir schrittweise unsere Einstellung, unser Wissen und unser Verhalten erweitern.

Das gilt auch für die »Teilentspannung«.

Wir sollten sie nicht einfach absolvieren, wie wir vieles in der täglichen Routine tun, um es hinter uns zu bringen. Wir sollten uns damit identifizieren, uns daran erfreuen und eine tiefe Beziehung mit dem herstellen, was wir da tun. Auch wenn es sich scheinbar nur um ein paar simple Handlungsabläufe handelt.

Vielleicht hilft es Ihnen, wenn ich hier wiedergebe, was der erwähnte Psychologe Bernhard Ludwig mir zu dieser Übung erklärte:

- Wenn Sie im Sitzen Ihren Angstgedanken nachhängen, sollten Sie für die »Teilentspannung« aufstehen. Allein durch diese körperliche Veränderung brechen Sie aus dem passiven Verhalten aus.
- Ein wesentlicher Bestandteil der Angst ist die Verkrampfung von Körper und Geist, wobei das eine das andere auslöst und unterstützt.
- Der Sitz der Verkrampfung ist unter anderem die Schulterpartie. Wenn Sie deshalb in der ersten Phase der Übung die Schultern hochheben, aktivieren Sie die verkrampften Körperteile, um sie in der dritten Phase, beim Fallenlassen der Arme, vollständig zu lockern.
- Während dieser körperlichen Aktivitäten bemühen Sie sich jedoch schon zum ersten Mal, die bisherigen Angstgedanken durch eine selbstbewußt lenkende Entscheidung zu ersetzen. Wenn Sie sich sagen: »Die Schultern sind ganz schwer.«

- Dies bedeutet, daß Sie es nicht mehr der unkontrollierten Angst überlassen, was mit Ihnen geschieht. Sie selbst übernehmen das Kommando über Ihr Handeln.
- Das ruhige entschlossene Ausatmen ist ein Vorgang der Befreiung. Die Wirkung ist ähnlich wie die eines tiefen Seufzers, den wir ausstoßen, wenn wir sagen möchten: »Gott sei Dank, das hätten wir wieder einmal geschafft.« Wir befreien uns damit sozusagen von einer quälenden Last – der Angst davor, eine Sache nicht bewältigen zu können.

Klingt das nicht einleuchtend? Man ist versucht zu sagen, was auch ich bewundernd eingestand, als ich es hörte: »Das hätte ich gar nicht hinter dieser kleinen Übung vermutet.«

Dies ist typisch für uns in dieser Zeit: Was nicht kompliziert, technisiert und von irgendwelchen Autoritäten als gut befunden ist, gilt nichts. Lieber nehmen wir eine keimfrei in Silberpapier und Cellophan verpackte Tablette gegen Ängste, Schmerzen oder Schlaflosigkeit, ehe wir selbst aktiv etwas dagegen tun.

Diese Einstellung entspricht der Tendenz, uns selbst nichts mehr zuzutrauen. Nicht einmal mehr die Fähigkeiten, unsere natürlichsten persönlichen Probleme allein zu lösen.

Wenn Sie hier den Versuch unternehmen wollen, nicht nur Ihre Einstellung zu ändern, sondern sich eine sehr handfeste Technik zur Selbsthilfe anzueignen: Die »Teilentspannung« ist ein geeignetes Instrument dafür.

Hier sind nur einige von vielen Möglichkeiten der Anwendung:

- Ehe Sie die Türe öffnen, hinter der sich jemand befindet, vor dem Sie bisher gezittert haben.
- Bevor Sie den Telefonhörer abnehmen, wenn das Klingeln bisher für Sie das Signal war für den Gedanken: »O Gott, hoffentlich kommt nicht schon wieder ein Problem auf mich zu, dem ich nicht gewachsen bin.«

- Wenn jemand Sie beleidigt hat und Sie im hilflosen Zorn dazu neigen, sich stundenlang einzureden, was für ein kleines armes Würstchen Sie sind, weil jemand so mit Ihnen umspringen darf.
- In jeder Situation, in der bisher immer die Angstgedanken anfingen, ihren stunden- und nächtelangen zermürbenden Kreislauf des Grübelns in Ihrem Gehirn anzutreten.

Tun Sie in allen diesen Situationen, ohne lange zu zögern oder mit sich selbst herumzuargumentieren, das, was Sie sich gar nicht eindringlich genug einprägen können:

Stellen Sie sich aufrecht hin.

Ziehen Sie die Schultern hoch und atmen Sie dabei ruhig ein.

Halten Sie den Atem kurz an.

Lassen Sie die Schultern fallen, atmen Sie dabei aus und denken Sie: »Die Schultern sind ganz schwer.«

Dann festigen Sie die Formel in Ihrer Vorstellung: »Ich bin ganz ruhig und frei von Angst. Ich handle sofort.«

Was an dieser Übung bemerkenswert erscheint, ist ihre Vielseitigkeit. Sie aktiviert nicht nur den Geist, sondern auch den Körper. Sie unterbricht die Passivität des Selbstbehauptungsinstinkts und erzieht uns zur Übernahme der Kontrolle unseres Denkens. Und noch einiges mehr.

Vielleicht helfen Ihnen heute abend zwei Schlaftabletten schneller, rasch einzuschlafen und nicht mehr fürchten zu müssen, es wieder einmal nicht zu schaffen. Aber was gewinnen Sie durch diesen schnellen Erfolg? Sie gewinnen nichts. Wer gewinnt, sind die Hersteller und Verteiler des Medikaments. Denn Sie müssen es morgen und übermorgen abend wieder nehmen. Überübermorgen dann schon in einer erhöhten Dosis.

Seine eigene Alternative zur Angst einzuüben, heißt andererseits – vorausgesetzt, man ist ausdauernd genug –, in sich

ein langfristig immer besser wirksames Instrument der Selbstlenkung aufzubauen.
Ein Instrument, das wir selbst kontrollieren und gezielt einsetzen. Nicht irgend jemand, der unsere Hilflosigkeit zu seinem Vorteil ausnutzt. Ein solches Instrument ist die »Teilentspannung«.

Warum es so schwierig ist, von der Phase des Entscheidens zum Handeln überzugehen

Eigentlich gibt es nur einen einzigen treffenden Rat, den man jemandem geben kann, der seine Ängste besser bewältigen möchte. Er lautet: »Tun Sie an jedem Tag Ihres Lebens wenigstens einmal genau das, wovor Sie sich am meisten fürchten.«
Wohlgemerkt: »*Tun* Sie es.«
Wir können alles über die Ängste, ihre Motive und ihre Folgen wissen, wir mögen auch das ideale Konzept entwickelt haben, mit ihnen fertig zu werden. Alles nützt letzten Endes nichts, wenn wir nicht handeln. Nicht irgendwann einmal, sondern genau zu jenem Zeitpunkt, zu dem gehandelt werden muß.
Genau zwischen dem Ende des Entscheidens und Planens eines Vorhabens und dem Beginn des Handelns liegt eine kritische Phase, die wir uns nicht gründlich genug bewußtmachen können. Hier ist sozusagen das Niemandsland zwischen Planen und Tun.
Der Übergang vom Zustand der Ruhe in die Bewegung ist in allen Fällen mit einer kurzen Phase größter Anstrengung verbunden. Es bedarf einer explosiven Initialzündung, wie beim Starten eines Motors. Sie kann nur erfolgen, wenn die Voraussetzungen gegeben sind: Der Motor muß intakt und die Batterie gefüllt sein und die Zündvorrichtung muß funktionieren.
Der Motor unseres Handelns ist unsere Fähigkeit, ein vor

uns liegendes Problem überhaupt bewältigen zu können. Die Batterie ist die Motivation für das, was wir tun möchten. Die Initialzündung schließlich ist die Disziplin, die uns vorwärtstreibt.

Diese Disziplin besteht bei den meisten von uns sehr oft aus der Angst vor anderen Menschen und den Sanktionen, die sie uns androhen. Wir denken dann: »Wenn ich nicht mache, was mein Chef von mir verlangt, dann wirft er mich raus.« Wenn die Angst vor dem Verlust meines Jobs stark genug ist, wird sie auch als Initialzündung für mein Handeln funktionieren. Allerdings: Dieser Druck kommt von außen. Andere haben ein Interesse daran, also benützen sie unsere Angst als Instrument, um uns aus unserer Trägheit herauszureißen und zum Handeln zu veranlassen.

Was aber ist mit unseren ganz persönlichen Aktivitäten, die nur uns selbst nützen und bei denen die Bedrohung von außen, die den Starter in Gang setzt, wegfällt?

Wenn wir uns erst einmal dazu entschlossen haben, unsere Ängste selbst zu kontrollieren und ein eigenständigeres Leben zu führen, ist es notwendig, auch ein selbstgelenktes System der Initialzündung zum Handeln zu entwickeln.

Dieses System besteht aus folgenden Komponenten:

1. Das selbstgesteckte Ziel. Denn nichts wird uns so erstrebenswert erscheinen wie etwas, das wir aus uns und für uns selbst entwickelt haben. Diese starke Identifikation mit dem Ziel ist ein wichtiger Bestandteil der Motivation für das Handeln. Was ich tue, tue ich schließlich für mich.

2. Die positive Beschäftigung mit dem Erfolg. Also das Einlegen der richtigen Kassette in unseren Gedankenmechanismus. Sich auszumalen, wie man ein Problem bewältigt und sich nachher darüber freut, baut die Motivation bis zur Ungeduld auf, jetzt doch endlich loszulegen.

3. Den Zeitpunkt des Handelns genau festzulegen und um keine Sekunde zu verzögern.

4. Sich an dem Punkt, an dem gehandelt werden muß, ein dynamisches Signal geben. So wie der Anpfiff des Schiedsrichters am Beginn eines Fußballspiels, der Gong am Beginn jeder Runde eines Boxkampfes. Oder wie die Sirene in der Fabrik zum Arbeitsbeginn.

Genau hier ist auch der geeignetste Augenblick dafür, die im vergangenen Abschnitt besprochene »Teilentspannung« einzusetzen. Erinnern Sie sich noch? Sie besteht darin, daß Sie sich aus der Ruhestellung lösen und einige Handlungen setzen, die Körper und Geist in Bewegung bringen.

Eines ist dabei gewiß: Jede Aktivität lenkt Ihre Gedanken davon ab, Angst aufkommen oder um sich greifen zu lassen. Jedes weitere Verharren im Zustand der Ruhe fördert die Ausbreitung von Zweifeln und Ängsten, mit denen Ihre Phantasie Sie zermürbt.

Wenn es um die richtige Überbrückung der kritischen Zeitspanne zwischen Planen und Handeln geht, gibt es einige Gefahren, die wir beachten sollten:

Da ist vor allem die Gefahr, das Reden als Ersatz für das Handeln anzusehen. Schließlich leben wir in einer Zeit des Argumentierens und Diskutierens, des Kritisierens und des Jammerns. All diese Angewohnheiten färben deshalb so leicht auf uns ab, weil sie viel bequemer sind, als ein Risiko durch selbstverantwortliches Handeln einzugehen.

Es ist einfacher, so lange über das zu reden, was wir tun werden, bis alle anderen, denen wir damit imponieren wollen, glauben, wir hätten es tatsächlich schon getan. Genauso, wie die vielen Demonstrierer und Protestierer in unseren Ländern meinen, sie hätten tatsächlich schon etwas gegen die Atomrüstung getan, weil sie mit Transparenten durch die Straßen marschieren.

Dann besteht die Gefahr, durch viele Verlockungen von den Mühen des Handelns abgelenkt zu werden. »Übergeben Sie mir doch die Sache, und Sie brauchen sich nie wieder darum zu kümmern«, ist eine der Phrasen, mit denen uns andere von der selbständigen Lösung der eigenen Probleme weglocken wollen.

Zu unserem Vorteil? Sicherlich nicht, weil niemand etwas zu unserem Vorteil unternimmt, wenn er selbst keinen Nutzen davon hat.

Der Nachteil besteht für uns in jedem Fall darin, daß wir uns allzu leicht daran gewöhnen, uns auf andere zu verlassen. Da ist sie wieder, die Grundlage der Angst, durch die wir erpreßbar werden. Wir verlernen das Handeln immer mehr und werden immer stärker von anderen abhängig.

Bis der entscheidende Punkt erreicht ist, von dem an die anderen uns erpressen können und sagen: »Wenn du nicht das tust, was wir von dir verlangen, entziehen wir dir unsere Hilfe.« Die Angst davor schwebt fortan über uns und beraubt uns eines großen Teils unserer Selbständigkeit.

Zu den Gefahren, die uns von der Verwirklichung einer gefaßten Entscheidung abhalten können, gehört schließlich auch das, was ich die »verzögernde Träumerei« nennen möchte. Wir haben uns so sehr in Phantastereien über den zu erwartenden Erfolg hineingesteigert, wir haben die Erwartungen so hoch geschraubt, daß wir sie auch im besten Falle nicht mehr erfüllen können.

Wenn wir das getan haben und es uns bewußt wird, noch ehe wir zum Handeln übergehen, bewirkt es Resignation. Wir sagen uns: »So schön, wie ich es mir ausgemalt habe, kann die Realität gar nicht sein. Also warum soll ich mir durch mein Handeln die ganze schöne Träumerei jetzt wieder zerstören?«

Das sind nur einige der Gefahren, die uns davon abhalten können, zum richtigen Zeitpunkt von der Entscheidung zur Aktion zu schreiten. Wir können alle diese Gefahren allerdings vergessen, sobald wir gelernt haben, mit ihnen umzugehen.

Erste Zusammenfassung, ehe Sie weiterlesen

Bei diesem »Ersten Schritt« bei der Beschäftigung mit der »Kunst, ohne Angst zu leben« ging es um den Einfluß unserer Gedanken auf die Angst.
Die Gedanken können uns Ängste vorgaukeln, die letztlich in eine Panik führen. Die gleichen Gedanken können aber auch unsere Motivation aufbauen, um uns zum Handeln anzutreiben.
Was schließlich geschieht, hängt allein davon ab, welche »Kassette« wir in den Ablaufmechanismus unserer Phantasie einlegen. Die Jammerkassette »Ich schaff's ja doch wieder nicht. Wozu also überhaupt versuchen?« Oder die anspornende Motivationskassette: »Ich schaffe es dieses oder nächstes Mal, ich muß nur ganz fest daran glauben.«
Ein wichtiger Faktor dabei, welche der beiden möglichen Gedankengänge wir in Gang setzen, ist die Technik, im entscheidenden Augenblick innezuhalten und uns zu aktivieren. Dabei hilft uns die »Teilentspannung«, die wir überall und jederzeit anwenden können.
Damit Sie erst gar nicht in Versuchung kommen zu sagen: »Was nützt diese Technik gegen meine Ängste? Bei mir funktioniert sie garantiert genauso wenig wie alles andere, was ich bisher ausprobiert habe«, sollten Sie gleich jetzt ohne jedes Zögern aufstehen, die Schultern hochziehen, einatmen, und wie es weitergeht, wissen Sie ja. Denn: Darüber nachzudenken verändert noch nichts. Wir müssen das tun, was wir fürchten.

Der zweite Schritt

Der zweite Schritt im Studium der Kunst, ohne Angst zu leben, ist die Beschäftigung mit dem Prinzip von Vergleich und Wettbewerb. Und mit den vielfältigen Formen der Angst, die daraus entstehen.

Auf den folgenden Seiten erfahren Sie auch, welche Vorteile es hat, sich seine Probleme von der Seele zu schreiben, und wie man mit der Eifersucht fertig werden kann.

*Wie uns ein eingefleischtes Prinzip der Gesellschaft
in Angst und Trab hält –
das Prinzip von Vergleich und Wettbewerb*

»Bringe einem Menschen bei, daß er gut oder besser sein muß als andere, damit er vor der Mitwelt etwas gilt, und er wird die Angst nie mehr los, er könnte es nicht schaffen. Mit Hilfe dieser Angst kannst du ihn veranlassen, nahezu alles zu tun, was du von ihm verlangst.«

Diesen brutal realistischen Ausspruch las ich in einer Londoner Werbeagentur, die ich vor Jahren zu Studienzwecken besuchte. Der Mann, in dessen Arbeitszimmer der Spruch an der Wand hing, war Werbetexter. Einer dieser herrlichen, teetrinkenden Briten, die nichts im Leben aus der Ruhe zu bringen scheint. Tom Shinley hieß er.

»Weißt du«, sagte er, als er sah, wie erschrocken ich über so viel berechnende Nüchternheit war, »du kannst nur gute Werbung machen, wenn du die Dinge siehst, wie sie sind. Die Voraussetzung dafür, anderen etwas vormachen zu können, ist, sich selbst nichts vorzumachen.«

Wenn es Sie interessiert: Er selbst, der möglichst viele seiner Landsleute zum Kauf einer bestimmten Automarke und Zigarettensorte zu verführen suchte, hatte selbst kein Auto, rauchte keine Zigaretten und besaß keinen einzigen Anzug.

Das konnte ihn aber nicht daran hindern, einen Heidenspaß daran zu haben, andere Leute zu immer größerem Konsum zu verleiten. Wobei er ohne jede Hemmungen das Prinzip von Vergleich und Wettbewerb mit höchster Fertigkeit einsetzte.

»Unser ganzes Leben ist nichts anderes als ein ständiges manipulatives Spiel«, sagte mir Tom einmal. »Die einen manipulieren, die anderen fallen darauf herein. Aber jeder ist schließlich für sein Handeln selbst verantwortlich. Wenn er also die Zusammenhänge dieses Spiels nicht durchschaut, ist er selbst daran schuld.«

Wie recht er hat, dieser Tom Shinley. Auch wenn uns bei solch harten Sprüchen der Atem stockt, was allerdings vielleicht daran liegt, daß wir in unseren Ländern im Geiste der Nächstenliebe erzogen wurden, der größten aller Heucheleien, die man uns antun konnte.

Denn während wir in Wahrheit niemandes Wohl so sehr im Auge haben, wie unser eigenes, versuchen wir nach außenhin tiefstes Mitleid mit den armen Teufeln, der vergewaltigten Kreatur und den Unterdrückten in aller Welt vorzutäuschen. Wir lamentieren und bringen Opfer. Allerdings nie ein so großes, daß es uns schmerzen könnte.

Hinterhältig wie wir sind, versuchen wir die Schuldgefühle für unseren Wohlstand und Luxus in vorgetäuschter Anteilnahme auszuleben. Wir spenden für die Kinderdörfer in Asien und lassen unsere eigenen Kinder an Lieblosigkeit verkommen.

Aber kehren wir zurück zum Prinzip von Leistung und Wettbewerb, das uns allen angeboren scheint, und das uns so verwundbar macht für die Manipulation mit der Angst. Das Entscheidende dabei ist, daß wir dieser Abhängigkeit nie entrinnen können, solange es uns nicht gelingt, aus dem Wettbewerb des Gleich- und Besserseins auszusteigen.

Tom Shinley aus London beschrieb mir diesen Wettbewerb folgendermaßen: »Wenn du unten bist, treibt dich der Ehrgeiz an, nach oben zu kommen und dabei andere aus dem Weg zu räumen. Du wirst angespornt von der Angst, daß du es nicht schaffen könntest. Wenn du tatsächlich scheiterst, fürchtest du, die anderen könnten dahinterkommen, was für ein Versager du bist. Wenn du aber nach oben kommst, plagt dich Tag und Nacht die Angst, es könnte eines Tages wieder abwärts gehen, so daß rundherum alle schadenfroh sagen: Seht her, seht her, jetzt hat's auch ihn erwischt.«

Selbst wenn es die wenigsten durchschauen oder zugeben wollen, im Grunde genommen kennen wir allesamt dieses System sehr gut aus eigener Erfahrung. Wir kennen die Ängste, von denen Tom Shinley sprach:

- Die Angst, wir könnten den Weg nach oben nicht wirklich schaffen.
- Die Angst, die anderen könnten dahinterkommen, daß wir in Wahrheit gar nicht so toll sind, wie wir der Mitwelt weismachen möchten.
- Die Angst, ein anderer könnte uns von dem Platz verdrängen, den wir uns so mühsam erkämpft haben.

Warum wir diesem Kreislauf des Lebens niemals entrinnen können, solange wir ihn anerkennen, ist einfach: Es wird immer jemand geben, der eines Tages genauso gut oder besser ist als wir. Er wird uns hetzen, bis er uns zur Strecke gebracht hat. Damit er an unsere Stelle treten und dann von anderen gejagt werden kann.

Zweifellos ist das ein Urprinzip der Menschheit. Ohne das Bedürfnis, es anderen gleichzutun, und ohne die Freude an Kampf und Spiel gäbe es nicht nur keinen Fortschritt, sondern auch nicht das prickelnde Lustgefühl des Erfolgs.

Worum es hier geht, ist die Überlegung: Was können wir tun, damit uns dieses Prinzip nicht zu Sklaven macht? Und: Was können wir tun, um nicht das Opfer von Leuten zu werden, die unser Bangen um den Erfolg zu ihrem eigenen Vorteil nützen?

Was können wir tatsächlich tun?

Die Antwort lautet: Wir beschließen, als Maßstäbe unseres Strebens und Handelns nicht mehr anzuerkennen, was uns vorgesetzt wird, sondern legen selbst die Grenzen unserer

Wünsche und Bedürfnisse fest. Das allerdings setzt voraus, daß wir uns eingehend mit uns auseinandersetzen. Mit dem, was wir sind, sein möchten und wozu wir fähig sind.
Die Leistungen, zu denen andere uns antreiben, dienen ja in erster Hinsicht ihnen. Daß sie uns selbst nützen, wird uns nur eingeredet, damit wir bei der Stange bleiben.
Die Erziehung zu diesem Prinzip fängt schon in der Schule an und hört ein ganzes Leben lang nicht mehr auf. Vor einiger Zeit trafen sich die Kameraden aus der Klasse, mit der ich unter größten Mühen mein Abschlußzeugnis gemacht hatte, zum dreißigsten Jubiläum dieses Ereignisses. Mir wurde die Ehre zuteil, eine Art Ansprache zu halten. Vermutlich war es die letzte dieser Art, zu der ich eingeladen wurde.
Ich sagte etwa folgendes: Ich könnte mich heute an fast nichts mehr erinnern, was man mir in der Schule beibringen wollte. Im Gedächtnis haften geblieben sei mir aber die abgrundtiefe Abneigung gegen das System der Erpressung mit der Angst, schlechte Noten nach Hause zu bringen.
Was ich außerdem nicht vergaß, war das Verständnis einiger Professoren. Sie lagen mir ständig wohlwollend mit Sprüchen in den Ohren, wie: »Du kannst es doch, aber du bist zu faul, um zu lernen.« Oder: »Du bist doch viel intelligenter als dieser oder jener, streng dich doch an.«
Ich wußte das ja alles. Ich lernte auch. Aber es nützte nichts. Die Anteilnahme meiner Lehrer belastete mich nur. Sie hörte dort auf, wo der Vergleich mit anderen und der Ansporn zum Wettbewerb begann, für den ich offensichtlich höchst ungeeignet war.
Sie können sich denken, daß eine solche Rede zum Jubiläum nicht nur meinen ehemaligen Professoren, sondern auch den Klassenkameraden keineswegs gefiel. Keiner nickte zustimmend, niemand wußte nachher so recht, ob er applaudieren oder mich mit Empörung strafen sollte. Ver-

ständlich. Sie alle waren nach drei Jahrzehnten schon so stark in dieses System des Vergleichens und Anpassens verwurzelt, daß sie mich nicht verstanden.
Aber fassen wir noch einmal diesen Ablauf der Ängste zusammen, der mir in jungen Jahren so zu schaffen machte:
- Meine Eltern wünschten sich nichts sehnlicher, als daß ihr Junge ein passables Zeugnis nach Hause brächte. Wie alle braven Jungen in der Nachbarschaft auch. Nicht eines, das mit Nichtgenügend und der Ankündigung des möglichen Schulausschlusses gespickt war.
- Meine Eltern fürchteten sich buchstäblich vor der Begegnung mit der Mutter eines Schulfreundes nebenan. Denn diese ließ sie bei jedem Zusammentreffen spüren, wie stolz sie auf ihren Jungen war, der sich Jahr für Jahr als Vorzugsschüler hervortat, und wie sehr sie es bedauerte, daß meine Eltern solche Probleme mit mir hatten. Vermutlich wünschten mir meine Eltern bessere Noten um ihrer selbst willen. Aber sie mochten mich wohl zu sehr, um mich stark genug unter Druck zu setzen.
- Meine Professoren hielten mir andere, lernwilligere Mitschüler als Beispiel vor Augen, denen ich es gleichtun sollte. Mit solchen Vergleichen versuchten sie mich anzuregen. Damit allerdings brachten sie mich nur in die zusätzliche Verlegenheit, auch sie enttäuschen zu müssen.
- Auf diese Weise geriet ich in eine hoffnungslose Situation. Ich verheimlichte meinen Eltern schlechte Noten, was meine vorhandenen Ängste zusätzlich durch jene bereicherte, daß sie meine Lügen entlarven könnten.

Abläufe wie diese vollziehen sich unentwegt und überall, wo andere die Maßstäbe bestimmen, nach denen wir glücklich zu sein haben. Die Formel für diese ewige Erpressung lautete: »Wenn wir dir eine gute Note geben, darfst du glücklich sein. Damit du dazu kommst, mußt du die Leistung erbringen, deren Maß wir vorgeben.« Wir werden in dieses System eingespannt, ohne Rücksicht auf unsere individuellen Wünsche und Fähigkeiten.

Wenn die von unseren vorgesetzten Autoritäten festgelegten Leistungsmaßstäbe erreicht sind, dürfen natürlich nicht nur wir darüber glücklich sein. Sie sind es ihren Obrigkeiten gegenüber ebenfalls. Und so setzt sich die Ausbeute unseres willigen Schaffens bis in die oberste Spitze fort. Alle profitieren ein wenig von unserem ängstlichen Bemühen, es allen recht zu machen.

Selbstverständlich teilen alle diese Leute in der Hierarchie des Wettbewerbs die Angst vor dem Versagen mit uns. Aber nicht nur das. Jeder von ihnen ist zusätzlich noch erfüllt von den Ängsten, der Mann unter ihnen könnte eines Tages die für ihn festgelegten Maßstäbe sprengen und nach oben drängen. Das Angstsystem funktioniert in beiden Richtungen. Nach oben und nach unten.

Wann es Zeit wird, innezuhalten und uns von Lob und Tadel nicht mehr antreiben zu lassen

Eng verbunden mit dem Prinzip von Vergleich und Wettbewerb ist die Strategie der Mitwelt, uns mit Hilfe von Lob und Tadel zu manipulieren. Der Ansatz dafür ist unser natürliches Grundbedürfnis nach Geltung und positiver Anerkennung.

Lob und Tadel sind das ausgewogene Instrument, sich dieses Bedürfnis zunutze zu machen. Erfolgstypen werden mit Lob angespornt, Verlierertypen stachelt man mit Tadel an. Oder ist es etwas anderes als gezielte Manipulation, wenn eine Frau den sich nicht rollengerecht verhaltenden Mann mit dem seit Jahrhunderten berüchtigten Satz aufreizt: »Nun reiß dich doch endlich zusammen und sei ein richtiger Mann!«

Ein erniedrigender Tadel wie dieser putscht tatsächlich manche Männer immer wieder zu übermenschlichem Bemühen auf. Und das nur aus dem einzigen Grund, weil sie vor nichts *mehr* Angst haben als davor, in den Augen der Frau nicht als »Mann« zu gelten. Ganze Heerscharen von naiven Männern haben sich auf diese Weise frühzeitig ins Grab gerackert. Nicht wenige waren in ihren Möglichkeiten überfordert. Sie versuchten vorzutäuschen, wozu sie in Wahrheit gar nicht imstande waren, und landeten hinter Gittern oder im Sanatorium.

Die Sehnsucht nach Lob und die Angst vor Tadel waren ihr Schicksal. Oder, um es anders zu sagen: Ihr Schicksal war, ihre Unfähigkeit zu durchschauen, auf welche Weise sie damit ausgenützt wurden.

Natürlich gilt diese Variante des manipulativen Spiels, das im Grunde genommen wir alle miteinander treiben, nicht nur für die Beziehung Mann–Frau. Sie ist aus keinem Bereich des Zusammenlebens wegzudenken. Frauen wollen als vorbildliche Mütter gelobt werden oder als emanzipierte Partner. Männer wollen vor den Frauen als strahlende Helden, bei den Kindern als fehlerlos und vor den Freunden als tolle Kumpels gelten. Sie sind bereit, alles zu tun, um für das, als was sie gelten möchten, von und vor allen gelobt zu werden.

Was, ist man versucht zu fragen, soll daran Schlimmes sein?

Die Gefahr liegt darin – und das kann man nicht oft genug betonen –, daß viele Menschen die Beurteilung ihres Verhaltens einzig und allein der Mitwelt überlassen. Damit liefern sie sich ihr mit Haut und Haaren aus. Sie überlassen es anderen Leuten, ob sie über ein Lob glücklich oder einen Tadel verzweifelt sind.

Gerade weil diese Schlußfolgerung so einleuchtend klingt, ist es verwunderlich, daß so wenige Menschen die Zusammenhänge durchschauen und daraus praktische Schlüsse ziehen. Diese Verweigerung, etwas zu ändern, liegt wahrscheinlich darin begründet, daß nur wenige bereit sind, ein einmal eingelerntes Rollenverhalten noch einmal kritisch zu überdenken.

Ein Mann, der von Kindheit an gelernt hat, daß ein Mann männlich zu sein hat, dem gibt diese Vorstellung ein hohes Maß an Sicherheit. Er klammert sich daran, er bezieht daraus Lebenssinn und Befriedigung. Wenigstens so lange, bis sich ihm eine akzeptable Alternative anbietet.

Er kann diese Alternative finden, indem er durch die Umstände dazu gezwungen wird. Denn eines Tages erkennt auch der größte Held, daß er diese Rolle nicht ewig spielen kann. Oder einer, der lange genug mit der Angst vor dem Tadel angetrieben wurde, hält nach neuen Maßstäben Ausschau, denen auch er gerecht werden kann.

Kaum jemand schafft es ein Leben lang, eine Rolle zu spielen, die gar nicht seinen individuellen Voraussetzungen entspricht. Er versucht sie zwar zu spielen, solange er kann, aber je länger er es versucht, um so auswegloser gerät er in Abhängigkeit. Wenn er sich der Umwelt gegenüber einmal als der große Held, der starke Macher, der flotte Junge, der solide Ehemann, der ehrgeizige Untergebene vorgestellt hat, fühlt er sich verpflichtet, sich weiter so zu verhalten.

Er weiß aus Erfahrung: Wenn ich diese Rolle spiele, werde ich gelobt. Wenn ich es nicht tue, werden alle von mit enttäuscht sein. Eine Reaktion, die mit Niederlage und Tadel gleichzusetzen ist. Ein Leben lang hat er gelernt, durch Erfolgsverhalten nach Anerkennung zu streben, aber niemand hat ihm beigebracht, Niederlagen zu verkraften. Vor Niederlagen hat er Angst. Deshalb wagt er es nicht, aus dem Rollenverhalten auszusteigen.

Ein Mensch, der durch die Lebensumstände gezwungen ist, die tiefe Kluft zwischen seiner Rolle und der Realität zur Kenntnis zu nehmen, hat drei Möglichkeiten:

- Er bleibt weiter in seiner Rolle verhaftet und betrachtet sich als Versager, der nicht mehr imstande ist, sie erfolgreich zu spielen.
- Er weigert sich, die Realität zur Kenntnis zu nehmen und baut um sich eine Scheinwelt auf, in der er so tut, als wäre für ihn die Welt noch in Ordnung. Wie manche Stars, die nicht zur Kenntnis nehmen wollen, wann ihre Zeit abgelaufen ist, und nicht merken, wie lächerlich sie sich dadurch machen.
- Oder er ändert seine Einstellung zum Leben und befreit sich aus der Abhängigkeit vom Werturteil anderer.

Natürlich kann jedermann darauf warten, bis ihm irgendwann einmal die Umstände solche Entscheidungen aufzwingen. Wenn Ihnen allerdings die Geduld dazu fehlt, wenn Sie das Unbehagen schon stark genug in sich spüren, dann sollten Sie ohne Zögern jetzt gleich damit beginnen.
Vielleicht helfen Ihnen die folgenden vier Fragen bei den Überlegungen über Ihre augenblickliche Situation:
1. Was bedeuten für mich und meine täglichen Entscheidungen das Lob und der Tadel meiner Mitwelt?
2. Welche eingelernte Rolle spiele ich, um von meiner Mitwelt mit Lob bedacht und anerkannt zu werden?
3. Wie unterscheidet sich diese Rolle von dem Leben, das ich gerne führen möchte, und dem Menschen, der ich wirklich bin?
4. Was kann ich tun, um von Lob und Tadel und damit von anderen Menschen weniger abhängig zu sein?

Hier ist das Beispiel einer Hausfrau, die es eines Tages nicht mehr ertragen konnte, von ihrem Mann niemals gelobt zu werden. Vielleicht enthält diese Geschichte für manchen interessierten Leser eine praktische Anregung.

Die Frau, von der hier die Rede ist, war vierunddreißig Jahre alt, Mutter einer Tochter und seit elf Jahren verheiratet, als ich sie kennenlernte. Wir trafen uns mit zehn anderen Leuten für ein Wochenendseminar in dem österreichischen Kurort Bad Tatzmannsdorf, das unter dem Motto stand: »Grundkurs in Lebenstechnik«.

Wir erzählten unsere Lebensgeschichten, meditierten gemeinsam und suchten nach Lösungen für unsere Alltagsprobleme. Der besagten Hausfrau lag folgendes belastend auf dem Herzen:

Sie war überzeugt, daß sie eine gute Ehefrau und Mutter war. Sie versicherte immer wieder, daß sie ihren Mann liebte und sicher sei, daß ihr Mann sie genauso mochte. Was sie allerdings belastete, war, daß ihr Mann sie niemals eines Lobes würdigte. Es schien, als fände er alles, was sie tat, ganz selbstverständlich.

In den ersten Jahren ihres Beisammenseins hatte sie gedacht, sie könnte ohne Schwierigkeiten darüber hinwegkommen. Später versuchte sie immer mehr, das Versäumnis ihres Mannes zu begründen. »Er hat eben in seiner Kindheit nie jemanden gekannt, der ihn gelobt hat. Also kann er gar nicht ermessen, wie jemand sich fühlt, dem man nie etwas Anerkennendes sagt.« So und ähnlich versuchte sie das Verhalten ihres Mannes zu entschuldigen.

Sie hatte allerdings auch noch nie mit ihm darüber gesprochen, weil sie fürchtete, sie könnte ihn damit vollends verschrecken.

Nachdem wir stundenlang über diesen Fall diskutiert hatten, entwickelten wir für diese Frau eine Strategie, die sie nach ihrer Rückkehr sofort in Angriff nehmen sollte. Sie sah folgende Maßnahmen vor:

Erste Phase:
Sie fällt grundsätzlich die Entscheidung, ab sofort von ihrem Mann kein Lob mehr zu erwarten, sondern es sich selbst zu geben.

Zweite Phase:
Sie schreibt an jedem Morgen in ihren Kalender jene Dinge auf, die sie im Laufe des Tages erledigen wollte. Darunter auch alle die wenig beachteten Kleinigkeiten, wie Einkaufen, Zimmer aufräumen oder Abendbrot zubereiten.

Dritte Phase:
An jedem Abend vermerkt sie mit einem Rotstift hinter jedem erledigten Punkt in ihrem Kalender ein dickes Pluszeichen. Dabei hält sie jedesmal ein paar Augenblicke inne und

denkt ohne jede Hemmung: »Das hast du aber wieder prima gemacht.« Wenn sie dann am Ende der Liste angekommen ist und festgestellt hat, daß sie mit sich zufrieden sein kann, erteilt sie sich noch zusätzlich ein ganz allgemeines Selbstlob.

Vierte Phase:
Da es nach ihren Erzählungen sehr wahrscheinlich war, daß ihr Mann sie deshalb nicht lobte, weil er selbst nie gelobt worden war, sollte sie darangehen, ihn zum Loben zu erziehen. Zuerst einmal dadurch, daß sie ihm ihrerseits mindestens einmal am Tag für irgend etwas, das sie an ihm großartig fand, ausgiebige und ehrliche Anerkennung zollte.

Eine einfache Strategie, abgestimmt auf die persönlichen Erfordernisse dieser Hausfrau. Aber enthält sie nicht alle wesentlichen Bestandteile, die für das Problem der Abhängigkeit von Lob und Tadel und dessen Lösung entscheidend sind? Man kann sagen:

- Wer lernt, sich selbst seine Ziele vorzugeben und deren Erfüllung selbst zu beurteilen, macht sich damit weitgehend unabhängig davon, ob ein anderer ihn lobt oder nicht.
- Wer sich seine Leistungen bewußtmacht, indem er sie selbst plant und kontrolliert, eignet sich dadurch die Fähigkeit der richtigen Selbsteinschätzung an. Er braucht also den willkürlichen Tadel anderer nicht mehr zu fürchten, wenn er selbst weiß, daß er alles zumindest nach eigenem Ermessen richtig gemacht hat.
- Vor allem aber macht er den entscheidenden Schritt heraus aus der zermürbenden Passivität. Er ist entschlossen, selbst etwas zu tun, statt darauf zu warten, bis es einem anderen beliebt, ihm ein paar erfreuliche Minuten oder Tage zu bereiten.

Was uns immer wieder zum Opfer von Ängsten macht, sind schließlich die von anderen Leuten festgelegten Kriterien der Beurteilung unserer Leistungen. Sie sagen beispielsweise ganz einfach:
»Warum können Sie nicht auch so fleißig sein wie Ihr Kollege X?« Schon fallen wir auf den Trick herein und fangen an, uns mächtig anzustrengen, um diesem vorgegebenen Standard gerecht zu werden.
Wenn wir dann, aufgestachelt durch unser Wettbewerbsdenken, den Kollegen X eingeholt haben, kommt die nächste manipulative Botschaft. Sie lautet: »Ich habe es ja gesagt, daß Sie mindestens so gut sind wie der X. Wenn Sie sich noch ein bißchen anstrengen, können Sie sogar noch besser sein. Sie müssen sich nur wirklich bemühen.«
Also bemühen wir uns und schaffen einen weiteren Schritt. Mit welchem Ergebnis? Mit dem, daß man uns noch einmal die so begehrten Streicheleinheiten verabreicht, aber nur als Vorbereitung für eine weitere Manipulation. Es ist die Aufforderung: »Wenn Sie sich noch mehr anstrengen, sind Sie unser bester Mann.«
Der Beste zu sein, der Sieger, der Star, bewundert und beneidet, genau das ist der Traum unserer Zeit, in dem wir erzogen werden. Er ist der Motor des Schaffens ohne Grenzen, des Kaufens und Konsumierens und des Überflusses.
Das sollten wir bedenken, wenn wir wieder einmal dabei sind, der Faszination des Gelobtwerdens zu unterliegen.

Warum wir nicht zögern sollten, den einfachen Nutzen des Aufschreibens gegen die Ängste einzusetzen

Im ersten Schritt beim Erlernen der Kunst, ohne Angst zu leben, war davon die Rede, wie wichtig es ist, innezuhalten und aus dem Angstkreislauf abzuspringen. Die nur einige Sekunden dauernde »Teilentspannung« kann uns dabei gute Dienste leisten.
Haben wir dieses Innehalten erst einmal gelernt, ist es der Anfang dafür, seine eigenen Leistungsmaßstäbe zu erkennen, indem wir uns mehr mit uns selbst und weniger mit dem beschäftigen, was andere Leute von uns erwarten.
Die individuelle Alternative zum Leben nach den Maßstäben unserer Mitwelt ist schließlich das Leben nach eigenen Vorstellungen. Das allerdings setzt voraus, daß wir die bei vielen von uns schon verkümmerte Fähigkeit aktivieren, solche eigenen Lebensvorstellungen zu entwickeln. Denn wer ertappt sich nicht ständig dabei, wie er seine eigenen Wünsche nur aus Rücksicht auf andere unterdrückt?
Mancher wird jetzt sagen: Ja, das geht mir auch so, aber was kann ich dagegen tun?
Im Grunde genommen ist nichts einfacher als das, wenn wir erst einmal zwei Fähigkeiten ausgebildet haben: Das tägliche An-uns-selbst-Denken und das Aufschreiben unserer Ideen, Vorstellungen, Probleme und Pläne.
Die raffinierteste Ausrede, mit der sich unendlich viele Menschen davor drücken, diese Fähigkeiten zu pflegen, lautet: »Ich bin so vielbeschäftigt. Dafür habe ich keine

Zeit.« Sie haben Zeit dafür, sich die Sorgen anderer Leute anzuhören, sich selbst bei anderen Leuten auszuweinen und sich im Fernsehen an den unerreichbaren Heldenfiguren aufzurichten. Sie haben Zeit für Kinder, Nachbarn und natürlich für die Firma.

Nur für sich selbst können diese Menschen nicht an jedem Tag eine Viertel- oder halbe Stunde abzweigen, in der sie sich in eine Ecke setzen, den Ballast des Alltags abwerfen und nichts anderes tun, als an sich und die Möglichkeiten zu denken, die ihnen im Leben offenstehen, oder sich mit der ruhigen, emotionslosen Analyse eines Problems zu beschäftigen, das ihnen Sorgen bereitet.

Es gibt keinen vernünftigen Grund dafür, warum so viele Menschen so denken. Vielleicht leiden sie ganz einfach gerne und begnügen sich damit, über ihr trauriges Los zu jammern, statt etwas dagegen zu tun. Möglicherweise fürchten sie sich auch davor, über sich nachzudenken. Sie könnten dabei ein paar Dinge entdecken, die sie gar nicht wissen wollen.

Wie dem auch sei: Wer sein eigenes Leben führen will, muß sich mit sich selbst beschäftigen. Nicht ab und zu, wenn andere ihm Zeit lassen, sondern täglich wenigstens einmal eine Viertelstunde lang.

Hier sind nun vier Gründe dafür, warum Sie Ihre Gedanken, die Sie in dieser Zeit beschäftigen, zu Papier bringen sollten:

1. Das Aufschreiben eines Gedankens befreit Sie in gewissem Sinne davon und schafft Raum für den nächsten Gedanken, ohne daß Sie Angst haben müssen, Sie könnten den ersten inzwischen vergessen.
2. Das Aufschreiben ist ganz allgemein eine Form der Befreiung. Genauso wie das Aussprechen, die Beichte oder die Psychoanalyse.
3. Das Aufschreiben hilft uns dabei, eine Vorstellung zu

konkretisieren und den Ursachen schrittweise auf den Grund zu gehen.
4. Was wir aufgeschrieben haben, dient uns als unbestechliche Kontrolle. Ein Plan, der am Morgen nur in unseren Gedanken existiert, ist sehr oft am Abend schon den Kompromissen erlegen. Wir haben dann das Vorhaben unserer Bequemlichkeit angepaßt und nehmen das mit halber Kraft Erreichte als Maßstab anstelle des Ziels, das wir tatsächlich erreichen wollten.

Befreien und Konkretisieren, Selbstkontrolle und Ansporn zu mehr Kreativität, alles das wird durch das Aufschreiben unserer Vorstellungen verstärkt. Ganz abgesehen davon, daß sich durch das wiederholte Lesen des Aufgeschriebenen die Inhalte um ein Vielfaches stärker einprägen.

Das Schild an der Türe Ihres Badezimmers: »Ich kümmere mich mehr um das, was für mich richtig ist, als darum, was andere von mir wollen«, wird Sie hundertfach stärker beeinflussen, als wenn Sie täglich diesen einen Satz bloß einige Male denken.

Wenn Sie zehn, fünfzehn oder auch zwanzig wichtige Lebensvorstellungen in ein Notizbuch geschrieben haben, können Sie sich daran festhalten. Die Einstellung zu Ihren Vorsätzen wird sich während des Tages je nach Stimmung ändern. Aber die Gewißheit, daß Sie sich am Abend wieder an etwas Konkretem, Aufgeschriebenem orientieren können, verleiht Ihnen Sicherheit.

Natürlich gelten diese Tips in ganz besonderem Maße für Vergleich und Wettbewerb. Ich selbst habe sie oft genug an mir ausprobiert.

So wurde mir vor Jahren eines Tages bewußt, daß ich in Gesellschaft, wenn ich mich besonders wohl fühlte, öfter mehr aß und trank, als meinem Magen guttat. Hinterher hatte ich dann zu leiden und machte mir die größten Vorwürfe.

Eines Tages setzte ich mich hin, um mich mit diesem Pro-

blem schriftlich auseinanderzusetzen. Meine seitenlangen Ausführungen endeten mit der Frage: »Was willst du nun praktisch dagegen tun?«
Ich kam zu dem Ergebnis: Ich brauchte keine Selbstvorwürfe, wenn der Fehler schon gemacht war. Ich brauchte vielmehr einen ständigen Mahner und Schiedsrichter, auf den ich mehr hörte als auf die Versuchungen meiner Freunde, wenn sie mir schulterklopfend zusprachen: »Ach was, alter Junge, nimm doch noch ein Stück Fleisch.« Oder: »Ein Glas noch, bevor wir auseinandergehen.« Sie kennen das ja.
Dieser unbestechliche Mitarbeiter bei meinem Bemühen, fortan nur so viel zu essen, als mir guttat, und mit dem Trinken aufzuhören, wenn ich es wollte, war ein Zettel an der Wand meines Arbeitszimmers.
Darauf stand: »Ich höre zu essen auf, wenn ich satt bin. Ich allein bestimme, wieviel ich trinke.« Unter diese in Blockschrift geschriebenen zwei Sätze zeichnete ich eine Tabelle mit einunddreißig Rubriken. Eine Zeile für jeden Tag des Monats.
Und an keinem Tag verließ ich den Raum, ohne einen Blick auf den Zettel geworfen zu haben. Abends ging ich nie zu Bett, ohne nicht in der Zeile für diesen Tag ein großes Plus oder manchmal auch ein Minus vermerkt zu haben.
Es wurde zu einem Sport für mich, mehr Plus als Minus auf dem Zettel zu sehen. Ich machte die Sache zu einem Wettbewerb für mich. Allerdings zu einem Wettbewerb, bei dem ich selbst den Maßstab für Essen und Trinken bestimmte und nicht irgendein anderer.
Sie können mir glauben: Ohne meinen Freund an der Wand hätte mir das Ganze viel weniger Spaß gemacht. Schon deshalb nicht, weil ich auf andere Weise ganz bestimmt nicht so erfolgreich gewesen wäre. So aber hatte ich bei meinem Vorhaben eine dreifache Unterstützung:

- Das Geschriebene mahnte mich täglich unbestechlich an das, was ich tun wollte.
- Es kontrollierte mich täglich in dem, was ich getan hatte. Denn in jeder entsprechenden Entscheidungssituation dachte ich unwillkürlich daran, daß ich mich für das, was ich jetzt tun würde, am Abend mit einem »Plus« oder »Minus« rechtfertigen mußte.
- Schließlich verschwand mit zunehmendem Erfolg die stets latent in mir vorhandene bohrende Angst, die jeden von uns zu plagen beginnt, der in irgendeiner Sache spürt, daß ihm die Kontrolle über sich und seine Entscheidungen immer mehr entgleitet.

Ich habe schon mit manchen Leuten über diese Technik des Aufschreibens und ihre Vorteile gesprochen. Einige haben sie angewandt. Manche scheiterten schon beim Beginn.

Sie setzten sich zwar hin und nahmen Bleistift und Notizbuch zur Hand. Aber sie schafften es nicht, irgend etwas niederzuschreiben. Einige hatten Angst davor, ihre Formulierungen könnten holprig sein. Andere wußten ganz einfach nicht, wie sie anfangen sollten. Also vergaßen sie die ganze schöne Technik des Aufschreibens bald wieder.

Damit es dem interessierten Leser nicht ebenso ergeht, hier einige Hinweise, wie man mit seiner schriftlichen Problemanalyse oder dem Erarbeiten von Plänen und Vorstellungen anfangen kann:

- Beginnen Sie auf einer neuen Seite.
- Schreiben Sie als ersten Satz ohne jedes Zögern genau das auf, was Sie gerade jetzt in der betreffenden Angelegenheit bewegt. Also die Frage: »Was beunruhigt mich eigentlich?« Oder der Wunsch: »Ich möchte an meinen Eßgewohnheiten etwas ändern.« Oder: »Mein Kollege X geht mir auf die Nerven.«
- Wenn Sie diesen Gedanken, nach dem Sie ja nicht lange suchen mußten, niedergeschrieben haben, setzen Sie so-

fort ganz automatisch den nächsten Schritt: Stellen Sie eine Frage.
Bei dem Satz: »Was beunruhigt mich eigentlich?« könnte sie lauten: »Ist es mein Stolz oder meine Eifersucht? Oder weil man mich lächerlich gemacht hat?« Bei: »Mein Kollege X geht mir auf die Nerven«, könnten Sie als nächstes schreiben: »Warum, konkret, geht er mir auf die Nerven?«
Wenn Sie soweit gekommen sind, steht wenigstens schon etwas auf Ihrem Blatt Papier. Etwas, das zum Weitermachen anregt. Machen Sie von diesem Anreiz Gebrauch und schreiben Sie, bis Ihnen nichts mehr zum Thema einfällt.
Wenn wir erkannt haben, daß wir eigene Maßstäbe und Vorstellungen permanent entwickeln müssen, damit uns die Maßstäbe der Umwelt nicht mehr weiter versklaven, dann kann für Sie die hier beschriebene Anregung der praktische Anstoß dafür sein, solche eigenen Maßstäbe zu entwickeln.

Warum es besser ist, das Leben so zu nehmen, wie es ist, statt ständig zu vergleichen

Unendlich viele Tragödien – im Theater und im Leben – drehen sich um die Eifersucht. Sie umfaßt alle Facetten der Angst, von verletztem Stolz bis zu Neid und Einsamkeit:
- Wir fürchten, das Verlassen eines Partners könnte unseren guten Ruf bei der Mitwelt vermindern.
- Wir fürchten, ein anderer könnte nun Freude an dem haben, was wir bisher allein zu besitzen glaubten. Und nun beneiden wir den anderen.
- Wir fürchten, egoistisch wie wir nun einmal sind, ganz einfach das Alleinsein, wenn der Partner uns verläßt. Wir haben uns an die Bequemlichkeit der Zweisamkeit gewöhnt und haben jetzt Angst davor, daß wir uns anstrengen müssen. Im Kampf um den alten oder bei der Suche nach einem neuen Partner.

Die Eifersucht ist ein klassischer Bestandteil des ewigen manipulativen Spiels, das die Menschen erfunden haben, um einander in Schwung zu halten. Viele Komponenten wirken dabei mit, nicht zuletzt das Prinzip von Vergleich und Wettbewerb.

Die Ausgangssituation für die Eifersucht ist klar: Zwei kämpfen um einen. Dies versetzt den einen in die Lage, auf Kosten der zwei sein Spiel zu spielen. Versuchen wir doch einmal, uns die Zusammenhänge bewußt zu machen:

Die Person A, die im Mittelpunkt des Spieles steht, kann die Person E, die eifersüchtige, nach dem Vergleichsprinzip

manipulieren. Indem beispielsweise A zu E sagt: »Es tut mir leid, aber Z ist einfach besser als du!« Z ist der neue Partner, der sich um A bemüht.
Die eifersüchtige Person E kann nun auf zweierlei Weise reagieren. Sie kann der Angst erliegen, A an Z zu verlieren und in Panik geraten. Das wäre das Schlimmste, was ihr passieren könnte. Damit liefert sie sich A nicht nur vollkommen aus, A verliert dadurch auch jedes Interesse. Denn was man ohne Widerstand jederzeit besitzen kann, ist nicht mehr begehrenswert.
Die eifersüchtige Person E kann aber auch beschließen: Ich bin zwar schrecklich eifersüchtig und habe Angst, A an jemand anderen zu verlieren, aber ich liefere mich ihm nicht aus. Ich spiele vielmehr das manipulative Spiel nach meinen eigenen Regeln. Das heißt:

- Die Person E zeigt ihre Angst nicht, sondern signalisiert A zu deren Überraschung ihre Verzichtsbereitschaft. Indem sie ihm sagt: »Es war eine großartige Zeit mit dir, lieber A, aber es gibt auch noch andere Partner, mit denen es sich leben und lieben läßt.«
- Daraufhin kann sich A in seiner Eitelkeit verletzt fühlen und seinerseits der manipulativen Wirkung des Vergleichsprinzips erliegen. Indem er beschließt: »Ich will doch einmal sehen, ob ich nicht besser bin als die anderen, von denen mir E da erzählt.«
- Von diesem Augenblick an, in dem A diese Entscheidung fällt, ist die Initiative von A auf E übergegangen, und das manipulative Spiel zwischen den beiden nimmt einen neuen Lauf. Die Nebenfigur Z verliert an Bedeutung. Man kann sagen, daß E diesen Zug des Spiels gewonnen hat.

Wenn aber die Person E, wie vorhin erwähnt, in Panik gerät, ist sie es, an der A das Interesse verliert. Dadurch gewinnt für A die Person Z erhöhte Bedeutung für das Spiel

nach dem Prinzip von Vergleich und Wettbewerb. Ein Spiel übrigens, das weit und breit mit zunehmender Begeisterung von Ehemännern mit ihren Freundinnen gespielt wird. Und zwar auf folgende Weise:
Der Ehemann erzählt der Freundin, wie sehr er sich nach all diesen Jahren mit seiner Frau auseinandergelebt hat. Dadurch erweckt er bei der Freundin sofort das Wettbewerbsbedürfnis, besser zu sein als die Ehefrau. Ganz klar, daß der Ehemann davon profitiert. Er hat schließlich mehrere Vorteile davon:

- Er ist nicht mehr von seiner Frau abhängig und erpreßbar. Selbst wenn sie ihm ihre Zuneigung verweigert, kann er es gelassen ertragen. Er weiß ja, daß sich die Freundin doppelt um ihn bemühen wird.
- Wenn seine Frau spürt, daß er sich ihr entfremdet, kann es durchaus sein, daß sie anfängt, wieder um ihn zu kämpfen. Sie hat sich an die Bequemlichkeit gewöhnt, daß er für sie sorgt, und möchte diesen Vorteil nicht mehr missen. Also bemüht sie sich vermehrt um ihn, um ihn sich zu erhalten.
- Unter diesen geradezu idealen Voraussetzungen kann der Ehemann sein Spiel zwischen Ehefrau und Freundin spielen und seinen Vorteil dabei haben. Der Wettbewerb der beiden Frauen ist im Gange, und der Mann zieht den Nutzen daraus. Wenn die Ehefrau in ihrem Bemühen nachläßt, wendet er sich mehr der Freundin zu. Wenn die Freundin sich nicht genug um ihn bemüht, wird er wieder seiner Frau erhöhte Aufmerksamkeit zuwenden.

Zugegeben, dies wäre eine ideale Spielsituation, die allerdings nur ganz wenige Männer zu spielen imstande sind. Die meisten verlieren dabei die Nerven. Sie spielen nicht mehr mit der Angst der beiden Frauen, zwischen denen sie stehen, sondern sie werden selbst das Opfer der Angst.
Beispielsweise, wenn sie nicht geschickt genug sind, die

Ehefrau spüren zu lassen, daß eine Freundin im Spiel ist. In diesem Falle werden sie von der Angst zermürbt, daß die Ehefrau von der Existenz der Freundin erfährt. Diese Angst wird möglicherweise den Spaß an der Freundin völlig verderben. Er wird reumütig zur Frau zurückkehren.
In diesem Falle, darüber gibt es nicht den geringsten Zweifel, ist das Spiel für ihn verloren. Wenn seine Frau naiv ist und die Regeln des manipulativen Spieles nicht beherrscht, wird sie ihn mit offenen Armen empfangen. Wenn sie raffiniert ist, wird sie ihn fortan mit seiner Untreue erpressen.
In diesem Falle ist er das Opfer seiner Angst geworden. Er wird ängstlich tun, was seine Frau von ihm verlangt, gepeinigt von der Angst, ein Leben lang an seine Untreue erinnert zu werden.
Dieses hier so ausführlich geschilderte Beispiel, wie das Prinzip von Vergleich und Wettbewerb im Alltagsleben funktionieren kann, sollte dem interessierten Leser ein Hinweis für sein eigenes Verhalten sein. Gleichgültig, in welcher der angeführten Positionen er sich befindet.
In jedem Falle kann er sich für die Bewältigung seines Problems zwei bisher in diesem Buch aufgezeigter Schritte zur Erlernung der Kunst, ohne Angst zu leben, bedienen:

- Er kann innehalten und sich sagen: »Moment einmal, bevor ich mich von anderen manipulieren lasse, analysiere ich erst einmal in aller Ruhe die Situation.«
- Und er kann Bleistift und Papier zur Hand nehmen und oben auf die leere Seite schreiben: »Welche Position nehme ich in diesem manipulativen Spiel ein, und wie verhalte ich mich, um meinen eigenen Vorteil wahrzunehmen?«

Ob es sich dabei um das hier beschriebene Problem der Eifersucht handelt oder darum, daß Sie Ihr Vorgesetzter oder irgendein anderer zu seinem Vorteil für sich ausnützen will, spielt im Grunde genommen nur eine untergeordnete Rolle.

Zweite Zusammenfassung, ehe Sie weiterlesen

Beim »zweiten Schritt« in der Beschäftigung mit der »Kunst, ohne Angst zu leben«, war vom Einfluß die Rede, den Vergleich und Wettbewerb bei der Manipulation mit Hilfe der Angst ausüben.
Wer aus diesem Buch praktischen Nutzen ziehen will, sollte sich ein paar Fragen stellen. Fragen wie diese:
- Was bedeuten Lob und Tadel für mich?
- Welche Rolle spiele ich, wer bin ich wirklich, und wer möchte ich sein?
- Was kann ich tun, um mich von meiner Mitwelt mit Lob und Tadel nicht manipulieren zu lassen?

Es gibt vier einleuchtende Gründe dafür, daß wir über solche Fragen nicht nur ein bißchen nachdenken, sondern uns damit schriftlich auseinandersetzen sollten: Denn:
- Aufschreiben macht unser Denken frei für neue Ideen und Überlegungen.
- Es ist eine äußerst wirksame Form der Befreiung von einem Problem.
- Wir konkretisieren auf diese Weise unsere Vorstellungen und machen uns Zusammenhänge deutlicher.
- Aufschreiben ist schließlich eine sichere Grundlage für eine spätere Kontrolle.

Wenn es Ihnen schwerfallen sollte, täglich eine Viertelstunde über sich nachzudenken und die Vorstellungen zu Papier zu bringen: Benützen Sie die »Teilentspannung«.

Der dritte Schritt

Der dritte Schritt im Studium der Kunst, ohne Angst zu leben, beschäftigt sich mit zwei Typen, denen wir alle in irgendeiner Weise angehören: dem Autoritätstyp und dem Gefälligkeitstyp.

Sie erfahren hier, warum wir oft »ja« sagen, obwohl wir »nein« sagen sollten, und wie wir im täglichen »Autoritätsspiel« unsere Chancen wahrnehmen können.

*Warum wir so oft »ja« sagen, obwohl wir »nein« sagen sollten
– und umgekehrt*

Ich kenne eine ganze Menge Leute aus meinem Bekanntenkreis, die einfach kein »Nein« sagen können. Ich muß gestehen, daß ich selbst sie auch gelegentlich zu meinem Vorteil ausnütze. Wenn man Hilfe braucht, ist es schließlich viel bequemer, zu jemandem zu gehen, den man als hilfsbereit kennt, statt einen anderen erst lange bitten zu müssen.
Menschen, die jederzeit gefällig sind, werden ausgenützt. Die meisten von ihnen wissen das ganz genau, aber das ändert nichts an ihrem Verhalten. Es scheint tief in ihnen verwurzelt zu sein. Sie beklagen sich darüber, sie ärgern sich, aber sie meinen: »Ich kann halt nicht anders.«
Wenn wir die Menschen in zwei Typen einteilen sollten, könnten sie heißen:
1. Der *»Gefälligkeitstyp«*. Er versucht ständig, es allen Menschen recht zu machen, und findet seine Anerkennung darin, sich für andere aufzuopfern.
2. Der *»Autoritätstyp«*. Er findet seine Befriedigung, indem er andere zwingt, ihn zu respektieren. Er ist auf Imponiergehabe trainiert. Wenn er gar nichts hat, mit dem er angeben kann, dann blufft er eben.

Das Verhalten beider Typen beginnt bei dem Wunsch, vor der Mitwelt etwas zu gelten. Dabei ist das »Für-andere-da-Sein« zweifellos auch eine durchaus befriedigende Form der Anerkennung. Vorausgesetzt, man wartet nicht darauf, dafür Dankbarkeit zu ernten.

Natürlich wird sich der eine oder andere bei uns für unsere Gefälligkeit bedanken. Aber ob wir diese Anerkennung bekommen oder nicht, liegt nicht in unserer Hand. Deshalb gibt es auch unendlich viele, oft ein halbes Leben lang ausgenützte Eltern, Partner und Freunde, die an der Undankbarkeit ihrer Mitwelt fast zugrunde gehen.

Sicher ist: Wer nicht »nein« sagen kann, wird nicht nur ausgenützt, er wird auch nicht respektiert. Weil wir gewohnt sind, alles nach seinem Gegenwert zu beurteilen, schätzen wir alles, was wir ohne großen Einsatz erhalten, nicht sehr hoch ein.

Ich kenne einen geradezu typischen Vertreter des Autoritätstyps, der mit größter Konsequenz nach dem Grundsatz handelt: »Ich sage zuerst einmal ›nein‹.« Wenn jemand ihn auch nur um eine kleine Gefälligkeit bittet, wird sie zuerst einmal abgelehnt. Diese Ablehnung ist eine ganz deutliche Aufforderung zum Respekt und erhöht den Preis des Gewünschten.

Ganz eindeutig sucht dieser Typ die Konfrontation. Hier sind einige Merkmale, die für ihn bezeichnend sind:

- Er greift an, um damit dem möglichen Angriff eines anderen zuvorzukommen.
- Er versucht, die Schuld von sich auf andere abzuwälzen.
- Um ja nicht an einer Niederlage beteiligt zu sein, wird er schon vorzeitig die Verantwortung auf andere übertragen. Damit er nachher selbstgefällig sagen kann: »Ich habe euch ja gewarnt.«
- Er sucht nach etablierten Autoritätssymbolen, unter deren Schutz er von der Mitwelt Respekt fordern kann. Die gängigsten Autoritätssymbole sind Titel, Uniformen oder Führungspositionen.

Der Autoritätstyp macht anderen Angst, aber er lebt selbst in der permanenten Angst, eine Niederlage zu erleiden und vor der Mitwelt das Gesicht zu verlieren. Grundsätzlich

»nein« zu sagen und den anderen damit zu erniedrigen, ist eine der von ihm benützten Techniken, um die gewünschte Anerkennung zu erlangen. Ganz klar, daß er sich in diesem manipulativen Spiel vorwiegend nicht stärkere Gegner aussucht, sondern schwächere.

Der Gefälligkeitstyp fürchtet nichts mehr als die Enttäuschung, die er jemandem bereiten muß. Er scheut die Konfrontation, und er tut es meistens auf seine eigenen Kosten. Menschen, die extrem diesem Typ verhaftet sind, haben ihre eigenständige Individualität nahezu aufgegeben. Sie sind »für andere da«, wie die gefällige Phrase dafür lautet.

Ich sage »Phrase«, weil dieser Typ seine Anerkennung nicht aus reellen Vorteilen bezieht, sondern aus vorgegebenen Bewertungen, die irgendwann einmal von irgend jemandem für alle Zeiten festgelegt wurden. Solche Phrasen sind:

- »Wer sich für andere aufopfert, ist ein guter Mensch.«
- »Nichts zählt höher als die Bereitschaft, immer für den Mitmenschen da zu sein.«
- Oder: »Schlage niemandem einen Wunsch aus, du könntest seine Hilfe eines Tages dringend nötig haben.«

Jede einzelne dieser Maximen enthält unausgesprochen den Vergleich als Drohung. Wer nicht diesen Wertmaßstäben entsprechend lebt, so lautet sie, ist kein guter Mensch.

So vage die Drohung auch ist, Millionen Menschen unterwerfen sich ihr kritiklos und lassen ihr Leben einzig und allein von der Angst bestimmen, nicht als gute Menschen eingestuft zu werden.

Eingestuft von wem? Wer ist die Instanz, die darüber befindet, ob wir gute oder schlechte Menschen sind? Diese Instanz gibt es in Wirklichkeit nicht. Wenn man nicht bereit ist, »man« als solche zu akzeptieren. Im Sinne der allgegenwärtigen Angstformel: »*Man* könnte mich für ungefällig halten, wenn ich eine Bitte abschlage, deshalb muß ich dieses Opfer bringen.«

Um es in aller Deutlichkeit zu sagen: Einer, der sich nicht darum kümmert, daß »man« einen Mitmenschen nicht ausnützen soll, nützt unsere Angst zu seinem Vorteil. Was uns bleibt, ist die Befriedigung, ihm auf unsere Kosten etwas Gutes getan zu haben.

Es mag sein, daß der eine oder andere Gefälligkeitsmensch wirklich über sein Verhalten glücklich ist. Mag sein. Aber die Mehrheit unter ihnen ist es nicht. Die Mehrheit ist enttäuscht, verbittert und hilflos verzweifelt, wenn einer nicht »nein« sagen konnte, obwohl er ganz genau wußte, daß er wieder einmal schamlos ausgenützt wird.

Es kommt zu der undeutlichen Angst, nicht als guter Mensch zu gelten, noch die viel quälendere hinzu: »Wann werde ich wieder ausgenützt, nur weil ich unfähig bin, etwas abzulehnen?«

Wir mögen andererseits noch so selbstbewußte Autoritätstypen sein, es steckt in uns allen ein gutes Maß an Gefälligkeitsverhalten. Sei es aus Respekt, sei es aus Mitleid oder auch nur, weil uns der eine oder der andere dieser beiden Faktoren vorgetäuscht wird. Kaum einer von uns kann sich schließlich dem massiven Druck der lebenslangen Erziehung zu Angst und Schuldgefühl entziehen. Der Angst vor den Autoritäten und dem Schuldgefühl, kein guter Mensch zu sein.

Erst kürzlich las ich in einer Zeitung vom Tod eines Mannes, der sich mit dieser Masche ein Vermögen verdient hat. Als er starb, hinterließ er vier Mietshäuser, Schmuck und Bargeld in Millionenhöhe. Ich selbst habe diesen Mann gelegentlich auch gesehen, wenn er seine Runde durch Nachtbars und Abendrestaurants machte.

Wissen Sie, was er tat? Er verkaufte Rosen. Dreißig Jahre oder noch länger war er Abend für Abend in der Großstadt unterwegs. Er ging von Tisch zu Tisch und bot Männern, die in weiblicher Begleitung waren, Rosen zum Kaufe an.

Dezent und meist, ohne ein einziges Wort zu sagen. Er brauchte auch nicht zu reden, weil er ganz genau wußte, was in den Männerhirnen in diesem Augenblick vorging. Selbstverständlich beachteten ihn viele nicht oder sagten freundlich »Nein, danke«. Aber die Zahl derer, die nicht »nein« sagen konnten, aus Angst, sie könnten vor der Dame an ihrer Seite das Gesicht verlieren, die Zahl dieser Männer war noch immer hoch genug, um eine Millionenerbschaft hinterlassen zu können.

Einige Informationen, die Sie über das allgegenwärtige manipulative Spiel und seine Techniken besitzen sollten

Ich möchte Sie auf den folgenden Seiten mit vier Techniken bekannt machen, die im manipulativen Spiel mit Ängsten und Schuldgefühlen häufig eingesetzt werden. Das »manipulative Spiel«, von dem in diesem Buch immer wieder die Rede ist, beruht im wesentlichen auf folgenden Erkenntnissen und Regeln:

- Jeder von uns, der mit einem anderen kommuniziert, will ihn in irgendeiner Weise beeinflussen, also manipulieren. Dies ist die Grundlage jeder menschlichen Kommunikation. Wir sollten uns deshalb zum manipulativen Spiel bekennen.
- Die Mitwelt zu unserem eigenen Vorteil einzuspannen, ist das natürliche Recht jedes Menschen. Schließlich leben wir alle voneinander und miteinander, und jeder hat das Bedürfnis, aus seinem Leben das Beste zu machen. Weil so in der Praxis des Alltags tatsächlich auch verfahren wird, hat es wenig Sinn, darüber zu klagen, daß wir von anderen ausgenützt werden. Wir selbst müssen unseren Vorteil wahren, indem wir selbst aktiv sind.
- Wir sollten das manipulative Spiel bewußt und ohne Skrupel praktizieren und seine Techniken und Strategien durch tägliche Übung vervollkommnen.
- Ein Grundprinzip des manipulativen Spiels ist es, den Gegner wohl zu unserem Vorteil einzusetzen, aber ihm stets noch eine Chance zu lassen. Denn niemand kann

uns nützen, der keine Chance mehr sieht, wenigstens noch einen kleinen Vorteil für sich wahrnehmen zu können. Das ist der entscheidende Unterschied zwischen dem manipulativen Spiel und dem Kampf auf Gedeih und Verderb, den kurzsichtige Menschen um ihres Erfolges willen führen.

- Im manipulativen Spiel ist jeder jedermanns Gegner, die Erzieher, Partner, Kinder, Chefs und Autoritäten. Natürlich sind auch die Menschen unsere Gegner, die uns lieben. Sie setzen alles daran, uns für immer und ewig an sich zu ketten. Was anderes ist das als der Versuch, uns zu ihrem Vorteil zu manipulieren?

Ob Sie dieses Spiel und seine Regeln anerkennen oder mit mehr oder weniger geheuchelter Empörung ablehnen, ist unerheblich. Es wird gespielt, in tausend Variationen, an jedem Tag unseres Lebens, mit oder ohne unser Einverständnis. Sehr oft auf unsere Kosten, wenn wir nicht bereit sind, bewußt und gezielt mitzuspielen.

Wenn Sie sich dieser Einsicht anschließen, profitieren Sie sicherlich von den folgenden Hinweisen auf die erwähnten Techniken des täglichen manipulativen Spiels mit der Angst.

1. Die Technik der Überrumpelung

Wer Zusammenhänge schneller begreift und mehr weiß, hat anderen gegenüber im manipulativen Spiel die Möglichkeit der Überrumpelung. Sie erleben diese Technik sehr deutlich am Beispiel der Werbung und ihren Auswirkungen.

Die Werbung zählt uns dramatisiert und möglichst glaubhaft die Vorteile eines Produktes auf. Wenn wir uns von dieser einseitigen Information überrumpeln lassen, lautet vielleicht unsere spontane Entscheidung: »Wenn diese Sache wirklich so großartig ist, dann muß ich sie haben.«

Wir fällen die Entscheidung, ohne den Gegenstand in unserer Betrachtung zu objektivieren. Subjektiv sagen wir unter dem Eindruck der auf unsere Gefühle gerichteten Botschaft: »Das ist richtig für mich. Ich brauche es.« Statt zu sagen: »Diese manipulative Aufforderung zeigt mir nur eine, nämlich ausschließlich die gute Seite des Produkts. Bevor ich aber meine Entscheidung fälle, informiere ich mich auch über die Nachteile.«

Aber nicht nur die Werbung ist auf Überrumpelung aus. Jeder unserer Mitmenschen, der das manipulative Spiel beherrscht, ist es auch:

- Unser Kind, das uns die schlechte Note auf die Schularbeit erst zur Unterschrift vorlegt, wenn es schon an der Türe steht, um zur Schule zu gehen.
- Die Frau wendet diese Technik an, wenn sie ihren Wunsch erst vorbringt, wenn der Ehemann dafür »reif« ist. Und umgekehrt.
- Jeder geschickte Geschäftsmann schließlich erhöht den Preis einer Ware, die wir zu einem ganz bestimmten Zeitpunkt ganz besonders dringend brauchen.

Jemanden überrumpeln, heißt, den Zeitpunkt wählen, wenn der andere für Angst und Schuldgefühle besonders anfällig ist. Vorwiegend ist es die Angst, etwas zu versäumen. Oder es ist die Angst, dem Prinzip von Vergleich und Wettbewerb nicht gerecht zu werden. Also etwas nicht zu besitzen, was andere schon haben.

2. Die Technik der Einschüchterung

Wenn im manipulativen Spiel ein Autoritätstyp auf einen Gefälligkeitstyp trifft, liegen seine größten Chancen in der Einschüchterung. Sie kann als Überrumpelung vorgebracht werden oder mit Hilfe der Zermürbungstaktik. Ein großer starker Mann mit schwarzem Vollbart und sportlicher Jacke hat von vornehrein einen Vorteil gegenüber einem kleinen Mann mit Glatze. Ein Erwachsener hat von vornehrein etwas Einschüchterndes für ein Kind.

Es gibt Einschüchterung auf Grund reeller oder vorgetäuschter Autorität. Ein Gegner im manipulativen Spiel, der nur zwanzig Prozent meines Wissens besitzt, kann bei einem manipulativen Manöver durchaus den Sieg davontragen, wenn es ihm gelingt, mich einzuschüchtern. Etwa indem er mich auf den Bereich seiner zwanzigprozentigen Wissensautorität lockt und mir keine Chance läßt, meine eigene Stärke auszuspielen.

Sein Argument vor der Mitwelt über mich wird lauten: Wenn mein Gegner nicht einmal auf diesem einen Gebiet so gut ist wie ich, dann wird es wohl auf den anderen mit ihm auch nicht weit her sein.

Dieser Technik kommt die allgemeine Tendenz zu bestimmten Vorurteilen entgegen. Also die Bereitschaft, Botschaften zu glauben wie:

- Dieser Mensch hat einmal versagt, also muß man bei ihm vorsichtig sein.
- Oder: Der schaut mir nicht wie ein dynamischer Macher aus.
- Oder auch das weitverbreitete Vorurteil: Diese Frau hat ein Kind und ist nicht verheiratet. Da stimmt doch etwas nicht mit ihr.

Ein Aspekt dieser Art von Überrumpelung ist es, eine einzelne Schwachstelle des Gegners zu betonen und immer wieder zu wiederholen, bis andere und vielleicht sogar er selbst die Vorzüge unbeachtet lassen.

3. Die Technik des Einbeziehens

Wenn Überrumpelung und Einschüchterung aggressive Formen des manipulativen Spiels sind, dann ist die Technik des Einbeziehens ein sanftes Gegenstück. Allerdings mit dem gleichen Ziel.

Sicherlich kennen Sie auch Menschen, die damit meisterhaft umzugehen vermögen. Sie kommen mit den verrücktesten

Vorhaben, aber wir können uns gar nicht so sehr dagegen sträuben, daß wir nicht bald doch in die Sache hineingezogen wären.
Meistens sagen sie am Anfang nicht: »Ich habe hier eine großartige Idee.« Sondern sie reden gleich von: »Da können wir gar nicht nein sagen.« Damit beziehen sie uns ein, ohne uns überhaupt gefragt zu haben.
Ihre Taktik ist es, uns die Verantwortung zu übertragen, die eigentlich der andere selbst übernehmen müßte. Dazu sind oft ungeheure Ausdauer und großes Geschick erforderlich. Aber ein Meister auf diesem Gebiet scheut auch nicht davor zurück, uns so lange auf die Nerven zu gehen, bis wir uns – nur um endlich Ruhe zu haben – geschlagen geben und sagen: »Also, ich mach es, damit ich endlich Ruhe vor ihm habe.«
Eine Form des Einbeziehens besteht darin, unser positives Urteil vorwegzunehmen. Einer konfrontiert uns also nicht mit dem Angebot: »Ich habe hier eine Sache, die halte ich für gut. Was meinst du?« Sie jubeln vielmehr: »Das ist das größte Ding aller Zeiten, stärker als alles andere, was du je erlebt hast.« Auf diese Weise jubeln sie ihr Objekt so hoch, daß man sich geradezu geniert, auch nur den geringsten Zweifel zu äußern.
Mit dieser Technik wurden schon viele Menschen hereingelegt. Andere allerdings, vorwiegend vorsichtige Zauderer, wurden damit gegen ihren Willen zu ungeahnten Erfolgen verführt.

4. Die Technik der Provokation
Die Technik der Provokation besteht darin, jemandem aggressiv und gezielt an seiner schwächsten Stelle wehzutun. Sagen Sie einem Menschen, der nicht müde wird zu betonen, wie ehrlich er ist, ins Gesicht: »Du bist ein verlogener Hund.«

Wenn er im manipulativen Spiel versiert ist und Ihr Manöver durchschaut, wird er lächeln und sagen: »Ja, du hast recht. Na und?« Damit entschärft er Ihren Angriff und geht in diesem Spiel in Führung.
Aber die meisten Menschen reagieren nicht so. Besonders dann nicht, wenn sie großen Wert darauf legen, daß jedermann weiß, wie ehrlich sie sind. Denn nichts macht einen Menschen so verwundbar wie das übertriebene Bekenntnis zu moralischen Grundsätzen.
Wenn Sie also Ihrem Gegner Verlogenheit vorwerfen, wird er Sie entweder mit einem Faustschlag zu Boden strecken, oder er wird, was wahrscheinlicher ist, mit größtem Aufwand versuchen, sich zu rechtfertigen und zu beweisen, daß er kein Lügner ist.
Wenn er dazu ansetzt, übernehmen Sie die Führung in diesem Spiel. Sie sind im Vorteil, weil es nun an Ihnen liegt, um welchen Preis Sie sich davon überzeugen lassen, daß Ihr Gegner tatsächlich ehrlich ist. Er wird Ihnen in höchstem Maße dankbar sein, wenn Sie nach langem Zögern Ihre Behauptung widerrufen und hinausposaunen: »Dieser Mensch ist kein Lügner. Ich war im Unrecht.«
Was ist damit erreicht? Sie haben ohne den geringsten Einsatz mit Hilfe einer gezielten Provokation Ihrem Gegner die Anerkennung gezollt, die er liebt, nach der er sich sehnt, die ihn glücklich macht. Dafür ist er nun bereit, Ihnen einen Dienst zu erweisen. Er steht mehr oder weniger wehrlos Ihrem nächsten Angriff im manipulativen Spiel gegenüber, der dem eigentlichen Ziel Ihres Vorhabens dient.
Auch hier liegt auf der Hand, was Ihnen zu Ihrem entscheidenden Vorteil verhalf. Es ist die Angst des anderen, als etwas zu gelten, was nicht der Rolle entspricht, die er spielen möchte. Die Rolle des ehrlichen, braven Menschen, den alle mögen, weil man ihm trauen kann.
Das sind vier Techniken des manipulativen Spiels, die alle

dazu dienen, den Gegner mit Hilfe seiner Ängste zur Zustimmung zu veranlassen. Also ihn in eine Situation zu manipulieren, in der er »ja« sagt, obwohl er im eigenen Interesse »nein« sagen müßte. Er tut es immer wieder, wenn er nicht lernt, die Zusammenhänge solcher Manöver zu durchschauen und seine Gegenmaßnahmen zu treffen.

Wie man durch Wissen und Übung das Neinsagen lernen kann

Lassen Sie uns nach diesen Überlegungen zu der Frage kommen: Was ist letzten Endes der Grund dafür, daß wir allesamt so oft aus Gefälligkeit entscheiden, statt uns durch ein selbstbewußtes »Nein« zu schützen? Die Antwort lautet: Wir fürchten Konfrontationen jeder Art, weil wir zur Bequemlichkeit erzogen wurden.
Zur Bequemlichkeit und damit zur Angst. Denn jemand, der auf sich und seine Fähigkeiten vertraut, den Lebenskampf selbst zu meistern, braucht nicht zu fürchten, daß er von den anderen im Stich gelassen wird. Wer sich andererseits immer darauf verlassen hat, daß der Staat, die Regierenden und die Parteien, Institutionen, Versicherungen und Autoritäten für ihn sorgen, wird fürchten müssen, daß sie eines Tages ihre schützende Hand von ihm abziehen.
Erst kürzlich las ich eine Notiz, daß mit der zunehmenden Arbeitslosigkeit in unseren Ländern die Anzahl der Krankmeldungen in den Betrieben abnimmt. Alle, die bislang in schöner Regelmäßigkeit Kranksein vortäuschten und es ihrer Firma überließen, wie diese ihre Probleme bewältigte, kriegen es jetzt mit der Angst, entlassen zu werden. Nicht zu Unrecht.
Der Wohlstand hat uns zu Jasagern gemacht. Wir sehen uns im Fernsehen die Westernhelden an, lesen in den Zeitungen von den Grausamkeiten in Südamerika und Südost-

asien, aber wir klammern uns trotzdem an die Illusion, daß wir in einer Welt leben, in der die Menschen nett zueinander sein sollten.
Sie sollten. Aber was nützt uns das, wenn wir danach handeln und von den anderen ausgenützt werden? Natürlich steht es jedem frei, sich für die Mitwelt aufzuopfern, immer klein beizugeben, niemals anzuecken und zu allem »ja« zu sagen. Wer dazu imstande ist und dabei glücklich sein kann, sollte sich durch nichts und niemanden davon abbringen lassen. Er hat für sich einen höheren Sinn des Lebens erkannt. Jenseits der Werte, die für die meisten von uns täglich Gültigkeit haben.
Was aber tun wir, die wir noch von dieser Welt sind? Der Fähigkeit entwöhnt, unsere individuellen Bedürfnisse zu verteidigen und wenigstens annähernd so zu leben, wie es den eigenen Vorstellungen entspricht? Uns bleibt nichts anderes übrig, als Schritt für Schritt wieder zu lernen, die Konfrontationen des Lebens anzunehmen, statt sie auf andere abzuschieben und uns damit abhängig zu machen.
Praktisch bedeutet das: Der erste Schritt zur Bewältigung des Gefälligkeitsverhaltens sollte sein, daß wir durch tägliches Üben wieder lernen, »nein« zu sagen, wenn wir nicht »ja« sagen wollen.
Ehe wir dazu imstande sind, ist es erforderlich, unsere Einstellung zu verändern. Oder, um es anders auszudrücken: Wir müssen die Kassette in unserem Verhaltensnormenarchiv mit der Bezeichnung »Ich muß zu allen Menschen nett sein und darf niemanden enttäuschen« austauschen. Die neue Kassette könnte den Titel tragen: »Ich überlege immer zuerst, ob ich mir auch selbst einen Gefallen tue, ehe ich anderen Leuten gefällig bin.« Oder, wenn wir es aggressiver formulieren: »Zuerst komme ich, dann erst kommen die anderen.«
Erst wenn wir unsere Grundeinstellung für unser tägliches

Verhalten den Mitmenschen gegenüber verändert haben, können wir darangehen, neue Vorstellungen praktisch einzuüben. Nicht irgendwann einmal. Auch nicht, wenn es sich zufällig ergibt, sondern gezielt, an jedem Tag. Mit einem Plakat in unserem Badezimmer, das die Überschrift trägt: »Wie oft habe ich heute ja gesagt, obwohl ich nein sagen sollte? – Wie oft habe ich heute nein gesagt, weil es für mich richtig war?«
Hier sind noch einige Hinweise für dieses Training des neuen individuellen Selbstbewußtseins:

Erster Hinweis:
Lassen Sie sich zu keiner Entscheidung überrumpeln. Wer Sie zu seinem Vorteil manipulieren will, wird versuchen, Ihnen eine voreilige Entscheidung abzuringen. Er zählt Ihnen alle positiven Aspekte einer Sache auf, bis Sie davon begeistert sind. Das ist der Augenblick, in dem er Sie am leichtesten überrumpeln kann.
Die gebräuchlichsten Argumente, mit denen man uns in solchen Situationen zu manipulieren versucht, lauten:
- Entscheide dich schnell, morgen ist es schon zu spät.
- Wenn du nicht sofort ja sagst, mache ich dieses einmalige Angebot einem anderen.
- Oder: Wer sofort kauft, kauft billiger.

Tatsächlich lassen wir uns mit solchen Argumenten immer wieder überreden. Sehr oft aus Angst, wir könnten etwas für uns Wichtiges versäumen. Erst wenn wir später Zeit haben, die ganze Angelegenheit zu überdenken, wird uns bewußt, wie wir wieder einmal einer geschickten Manipulation erlegen sind.
Im Grunde genommen gibt es eine einzige wirksame Maßnahme gegen die Überrumpelung. Sie besteht darin, aus Prinzip immer und automatisch mit dem Satz zu reagieren: »Das werde ich mir überlegen.« Was immer man von Ihnen

will, wenn Sie nicht ganz sicher sind, daß Ihr eigener Vorteil groß genug ist, sagen Sie in dem Augenblick, in dem Sie zur voreiligen Entscheidung gedrängt werden: »Das werde ich mir überlegen.«
Dann gehen Sie nach Hause, wägen Vorteile und Nachteile ab und holen vielleicht noch notwendige Informationen ein. Schließlich fällen Sie Ihre Entscheidung dann, wenn Sie es wünschen, und nicht, wenn ein anderer Sie dazu drängt.

Zweiter Hinweis:
Fällen Sie eine konsequente Entscheidung. Alles Verzögern und Überlegen nützt Ihnen nichts, wenn Sie sich schließlich nicht für ein klares »Ja« oder »Nein« entscheiden. Wenn Sie also nicht eindeutig klären, ob Ihnen Ihre Entscheidung mehr nützt, als sie Ihnen schadet. Oder umgekehrt.
Vielen von uns sind solche konsequenten Überlegungen unangenehm. Wir entscheiden uns nicht für das Richtige oder Nützliche, sondern für eine bequemere oder angenehme Lösung. Oder wir entscheiden überhaupt nicht.
In allen Bereichen unseres Lebens können Sie diese Tendenz der Problemverdrängung beobachten:
- Wir wissen, daß wir alle eines Tages sterben müssen, aber wir fürchten uns, daran zu denken.
- Wir sind täglich mit den Krankheiten anderer konfrontiert, aber wir reden uns ein: Mich wird es schon nicht erwischen.
- Wir lesen in den Zeitungen, wie viele Unfälle am vergangenen Wochenende wieder passiert sind. Aber wir ziehen daraus keine Konsequenzen für unser eigenes Verhalten im Straßenverkehr.
- Wenn die Ehe nicht mehr richtig funktioniert, denken wir viel eher daran, uns scheiden zu lassen, als daran, wie wir das Problem lösen könnten.

Warum so viele Menschen in ihren Entscheidungen so unentschlossen sind, liegt offensichtlich auch daran, daß sie wohl alle Vorteile in Anspruch nehmen, aber dafür nichts in Kauf nehmen wollen. Deshalb ist es wichtig zu erkennen, daß jede konsequente Entscheidung gleichzeitig auch eine Verzichtserklärung ist. Wir verzichten auf etwas, das uns weniger wichtig erscheint, um etwas für uns Wichtigeres dafür zu bekommen.

Wer sich dazu nicht bekennen kann, wird die Angst nie los, bei allem, was er tut, irgend etwas anderes zu versäumen.

Dritter Hinweis:
Bekennen Sie sich zu Ihrem »Nein«. Wenn Sie zu dem Schluß gekommen sind, daß es für Sie besser ist abzulehnen, statt aus reiner Gefälligkeit »ja« zu sagen.

Es gibt keinen Grund, sich dafür zu entschuldigen, daß Sie Ihren Vorteil wahrnehmen. Ganz im Gegenteil. Wenn Sie sich durch einen Gegner im manipulativen Spiel nicht überlisten ließen, haben Sie alle Veranlassung, Ihren Sieg zu genießen. Er bringt Sie wieder ein Stück weiter in Ihrem Bemühen um mehr Selbstbewußtsein, Selbstbekenntnis und Handeln statt Geschehenlassen; alles das sind schließlich die Alternativen zur Angst.

Sicherlich kennen Sie auch diese Augenblicke, wo wir ganz genau wissen, was wir tun sollten, aber wir stellen uns die bange Frage: »Wie bringe ich das jetzt dem anderen bei?« Dann malen wir uns aus, wie enttäuscht er sein wird. Wir leiden schon im Geiste mit ihm und machen uns Selbstvorwürfe. Nicht selten sind solche Gedanken der Beginn einer Gefälligkeitsentscheidung wider besseres Wissen.

Sie können es drehen und wenden, wie Sie wollen, wenn Sie in solchen Momenten Ihre Verhaltens-Kassette nicht auf »Zuerst komme ich, dann die anderen« umgetauscht haben, werden Sie auch in aller Zukunft für Manipulationen zu Ihrem Nachteil anfällig sein.

Was Sie über das Autoritätsspiel wissen sollten, und wie man sich dagegen zur Wehr setzt

Es sind schon ein paar Jahre vergangen, seit ich an einem sonnigen Nachmittag in Wien so etwas wie ein Schlüsselerlebnis mit dem hatte, was ich Autoritätsspiel nennen möchte. Natürlich hatte ich – wie die meisten von uns – schon von Kindheit an damit zu tun. Aber es bedarf oft eines eindringlichen Erlebnisses, damit uns Zusammenhänge plötzlich in aller Deutlichkeit klar werden.
Ich fuhr damals mit meinem Auto die vier Spuren breite Straße entlang der Donau stadtauswärts. Meine Geschwindigkeit betrug neunzig oder hundert Stundenkilometer. Jedenfalls schneller, als erlaubt war.
Ich war vielleicht nicht so konzentriert wie sonst, wenn ich hinter dem Lenkrad sitze. Deshalb sah ich auch den Polizeibeamten in Uniform nicht rechtzeitig, der hinter einem geparkten Auto am Straßenrand stand. Er winkte mich zu sich heran. Ich hielt, kurbelte mein Fenster herunter und sah ihn erwartungsvoll an. Erwartungsvoll? Nein, ich war voll des Ärgers und der Angst. Ich fühlte mich ertappt.
Das war die Ausgangsposition für das nun folgende Autoritätsspiel, das ich turmhoch verlor, weil ich weder Regeln kannte, noch mit den Methoden vertraut war.
Der Beamte sagte grob: »Zeigen Sie mir Ihre Papiere.«
Ich erwiderte in einem hilflosen Versuch, einigermaßen mein Selbstbewußtsein zu bewahren: »Warum wollen Sie meine Papiere sehen?«

Er: »Sie sind mit überhöhter Geschwindigkeit gefahren.«
Ich log, voll des Schuldgefühls und deshalb auch nicht überzeugend: »Aber es werden höchstens zehn Stundenkilometer mehr gewesen sein, als erlaubt ist.«
Er, während er in meinen Papieren blätterte: »Wenn Sie nur um zehn Stundenkilometer schneller gefahren wären, hätte ich Sie nicht aufgehalten. Aber Sie sind schneller gefahren.«
In dieser Tonart ging das Spiel weiter. Der Beamte genoß es sichtlich, alle meine schüchternen Versuche der Rechtfertigung mit autoritären Formeln zu widerlegen. Wie: »Mit solchen Ausreden kommen sie alle. Aber das zieht bei mir nicht.« Oder: »Sie können mir sagen, was Sie wollen. Was zählt, ist, daß Sie zu schnell gefahren sind.«
Als er mich schließlich völlig verunsichert hatte, ging er noch einmal mit der ganzen Arroganz des Siegers um meinen Wagen herum, besah Reifen und Stopplichter, wog meinen Führerschein zögernd in der Hand und spielte dann seinen Trumpf aus. »Diesmal«, erklärte er, »lasse ich noch einmal Gnade vor Recht ergehen. Aber wenn ich Sie noch einmal erwische, werden Sie bestraft.« Ich nahm meine Papiere in Empfang, sagte auch noch »Danke« nach allem, was er mir angetan hatte, und fuhr los.
Es mag Menschen geben, die in so einer Situation froh sind, heil davongekommen zu sein. Ich gehöre nicht dazu. Ich war zutiefst gekränkt. Was aber war es, das mich in diese Situation gebracht hatte? Ich analysierte mein Verhalten:

- Ich fuhr ganz bewußt mit erhöhter Geschwindigkeit, weil die Straße frei von anderen Fahrzeugen war und ich mich sicher fühlte. Eine durchaus selbstsichere und verantwortungsbewußte Einstellung.
- Aber schon das Auftauchen des Polizisten löste in mir automatisch Schuldgefühle und damit eine Schwächung meiner Abwehrbereitschaft aus. Verschwunden waren

mein Selbstbewußtsein und der Glaube an mein eigenes Verhaltensprinzip: »Ich weiß selbst am besten, wie schnell ich unter diesen Voraussetzungen fahren kann.«
- Unter dieser Voraussetzung führte ich mit meinem Gegner in diesem manipulativen Spiel ein völlig aussichtsloses Rückzugsgefecht.
- Natürlich gab ich im ersten Zorn allein der Arroganz des Beamten die Schuld an meinem Unbehagen. Ich genoß mein Selbstmitleid und suchte wenigstens Befriedigung darin, mir vorzustellen, was ich diesem Mann eines Tages alles antun könnte.

Die von mir eingenommene Haltung war kleinlich und voll kindlichen Trotzverhaltens. Aber offensichtlich mußte es so kommen, um mich zu einer ernsthaften Analyse meiner Einstellung anzuregen.

Mir wurde dabei bewußt, wie das Schuld-Sühne-Prinzip ganz allgemein unser Verhalten in erschreckender Weise beeinflußt. Uns werden offenbar nicht nur die Grenzen unseres individuellen Verhaltens eingeprägt, sondern gleichzeitig auch ein gut funktionierender Selbstbestrafungsmechanismus, der auf folgende Weise funktioniert:

- Wir verstoßen gegen eine Verhaltensbeschränkung.
- Sofort meldet sich das Schuldgefühl: »Ich habe etwas Verbotenes gemacht.« Und die Angst: »Hoffentlich werde ich dabei nicht erwischt.« Dazu kommt noch die Angst vor der Strafe, die uns droht, falls man uns erwischt.

Wenn ein Ablauf in der beschriebenen Weise funktioniert, ist der Selbstbestrafungsmechanismus bereits in vollem Gange. Werden wir erwischt, verhalten wir uns so, wie ich es damals tat. Wird man nicht erwischt, quälen einen Skrupel und Angst, es könnte doch noch passieren. Andererseits bewirkt dieser Mechanismus natürlich auch einen Lernvorgang. Wir nehmen uns vor – wenigstens für kurze Zeit –, das Risiko nie wieder einzugehen.

Was ich hier beschrieben habe, mag manchen deshalb erschrecken, weil es eine außergewöhnlich hinterhältige Art der Massenmanipulation darstellt. Auf der Schiene dieses Systems regieren schließlich autoritäre Machthaber ihre Völker. Es ist nur die Frage, welche Grenzen individuellen Verhaltens und welches Maß an Abschreckung den Menschen eingeprägt werden.

Letzten Endes richtet sich diese Manipulationsstrategie, ob in Diktaturen oder in der sogenannten freien Welt, gegen jedes individualistische Verhalten. Sie ist darauf aus, dem einzelnen die Normen des Massenverhaltens aufzuzwingen. Bis er es aufgibt, selbstverantwortlich zu denken und sich diszipliniert nach den Regeln verhält. Leicht und bequem lenkbar für alle, die es verstehen, mit dem Mechanismus richtig umzugehen.

Eine höchst gewagte Schlußfolgerung, werden Sie jetzt sagen, die ich da aus meinem kleinen Erlebnis mit dem Polizisten ziehe.

Ob gewagt oder nicht: Vielleicht regen Sie meine Gedankengänge an, selbst ein paar Überlegungen über das Autoritätsspiel anzustellen.

Ich jedenfalls habe daraus sehr praktische Schlüsse gezogen. Es ist keine Übertreibung, wenn ich behaupte, daß es mir heute Spaß macht, dieses Spiel zu spielen. Nicht, daß ich es immer gewinne. Aber ich weiß genug, um in jedem Falle meine Chancen auf einen Sieg wahrzunehmen.

Ganz nüchtern gehe ich von der Praxis unseres Lebens aus, in der man nur bestehen kann, wenn man mehr nach seinen eigenen Gesetzen lebt als nach denen, die angeblich zum Wohle unserer Gesellschaft beschlossen wurden. Ganz abgesehen davon, daß sie nicht nur für mich, sondern auch für nahezu jeden anderen Bürger auch völlig unüberschaubare Maße angenommen haben, sie strotzen auch von Sinnlosigkeiten und Unmenschlichkeit.

In der Praxis kann gesagt werden, daß es zwei mögliche Verhaltensweisen bei der Übertretung der vorgeschriebenen Normen gibt:
- Die kaltblütige Methode. Man läßt nichts unversucht, um sich bei einem Verstoß nicht erwischen zu lassen. Wird man ertappt, gibt man immer nur das zu, was einem bewiesen werden kann. Schließlich ist dabei das Grundrecht durchaus auf unserer Seite, wenn es bestimmt: »Im Zweifelsfall für den Beschuldigten.«
- Die Selbstbestrafung. Wir erliegen der Zeitbombe des Schuld-Sühne-Prinzips und bestrafen uns selbst durch quälende Ängste, die uns möglicherweise auch in die Hände der Richter treiben, denen wir uns zum Vollzug der Sühne anvertrauen.

Der Vollständigkeit halber möchte ich Sie darüber informieren, wie ich mich heute in der beschriebenen Situation vermutlich verhalten würde:
- Wenn der Beamte sagt: »Sie sind mit überhöhter Geschwindigkeit gefahren«, würde ich ihn fragen: »Wollen Sie mir bitte sagen, wie Sie das festgestellt haben?«
- Er würde mir dann erklären, er hätte meine Geschwindigkeit auf Grund seiner Erfahrung geschätzt.
- Ich: »Auch wenn Sie ein Weltmeister im Schätzen von Geschwindigkeiten sind, ein Gericht würde das Ergebnis trotzdem nicht anerkennen. Denn die oberste dafür zuständige Instanz hat eindeutig geklärt, daß eine Schätzung nur möglich ist, wenn ich an Ihnen vorbeifahre und Sie mit einer Uhr stoppen, wie lange ich brauche, um eine von Ihnen vorher gemessene Strecke zurückzulegen.«

Aus Erfahrung weiß ich inzwischen, daß spätestens an diesem Punkt des Spiels meine Chancen auf einen Sieg ausgezeichnet stehen. Meistens kommt es dann zu einem freundschaftlichen Gespräch zwischen dem Beamten und mir, in

dem ich ihm die Möglichkeit gebe, so aus der Sache auszusteigen, daß er sein Gesicht nicht verliert.
Wie Sie sehen, vollzieht sich das Spiel mit unseren Ängsten oft an unscheinbaren Alltagssituationen. Wenn wir in ihnen bestehen wollen, müssen wir unser Verhalten ständig überprüfen und versuchen, grundsätzliche Schlußfolgerungen zu ziehen. Aus dem Erlebnis mit einem Polizeibeamten entwickelt sich dann möglicherweise nicht nur eine Taktik für ähnliche Situationen. Es entsteht darüber hinaus eine bessere Einsicht in die Zusammenhänge, wie wir mit Hilfe von Angst und Schuldgefühlen permanent von der Umwelt manipuliert werden.
Dieses Wissen ist die Grunderfordernis für jeden, der mit der Kunst, ohne Angst zu leben, sein zukünftiges Verhalten ändern will.

Dritte Zusammenfassung, ehe Sie weiterlesen

Autorität und Gefälligkeit sind zwei Einflüsse, denen wir alle in irgendeiner Form ausgesetzt sind. Es liegt an uns, einmal zu klären, welche Motive unsere Entscheidungen vorwiegend bestimmen. Vor allem aber: Wie oft wir »ja« sagen und ganz genau wissen, daß wir »nein« sagen sollten.
Wenn wir nach solchen Überlegungen vielleicht besser durchschauen, wie andere unser Gefälligkeitsverhalten zu ihrem Vorteil nützen, fällt uns wahrscheinlich das Bekenntnis leichter, in Zukunft aktiv das manipulative Spiel selbst mitzuspielen.
Es mag schon sein, daß wir zuerst an Weltkrieg und Hunger, an Krankheit und Arbeitslosigkeit denken, wenn uns jemand nach unseren Ängsten fragt. Aber sind das wirklich die Ängste, die unser Leben bestimmen?
Letzten Endes leben wir in einem ausgeklügelten System der Massenlenkung mit Hilfe von Autoritäten aller Art. Echten und vorgetäuschten, reellen und solchen, die unsichtbar in uns wirken.
Hier noch einmal zur Erinnerung die drei Hinweise, mit denen Sie lernen können, »nein« zu sagen, statt jemandem wider besseres Wissen gefällig zu sein:
1. Lassen Sie sich zu keiner Entscheidung überrumpeln.
2. Fällen Sie eine konsequente Entscheidung.
3. Bekennen Sie sich zu Ihrem »Nein«.

Der vierte Schritt

Der vierte Schritt beim Studium der Kunst, ohne Angst zu leben, hat unser Streben nach Sicherheit zum Thema, mit dem wir ein für allemal das Glück festhalten und das Unglück vermeiden möchten.

Sie erfahren hier einiges über die Motive des Sicherheitsdenkens, seine Gefahren und darüber, wo wir unsere Sicherheit wirklich suchen sollten: in uns selbst. Einer der praktischen Wege zu sich selbst kann die »Drei-Stufen-Entspannung« sein, die hier beschrieben wird.

Wer das Leben als Spiel betrachtet, hat erkannt, daß es für den Sieg weder Garantien noch Sicherheiten gibt

In uns allen ist eine tiefe Sehnsucht nach Sicherheit. Wir möchten sichergehen, daß uns auch gelingt, was wir uns vorgenommen haben. Wir möchten die Gewißheit haben, daß uns für immer erhalten bleibt, was wir einmal besitzen. Wir möchten ganz genau wissen, daß uns die Zukunft nur Gutes bescheren wird.

Dabei müßten wir wirklich schon längst aus Erfahrung wissen, daß es im Leben keine Sicherheiten gibt, auch wenn man uns Tag für Tag damit zu ködern versucht. Auf meiner Fahrt in die Stadt komme ich täglich an zwei riesigen Plakaten vorbei. Eines lockt: »Mit uns in eine sichere Zukunft«, auf dem anderen steht: »Sicher in den Urlaub«. Der eine Slogan wirbt für eine politische Partei, der andere für eine Reiseagentur. Beide mögen Vorzügliches leisten, aber ganz sicher kann keiner von beiden halten, was er so selbstbewußt verspricht.

Obwohl ich mir darüber ganz klar bin, falle ich – wie vermutlich viele Millionen andere Leute auch – in schöner Regelmäßigkeit auf solche Versprechungen herein. Warum passiert uns das immer wieder?

Ganz einfach: Weil wir Angst davor haben, das Leben konsequent als das manipulative Spiel zu betrachten, das es ist. Als ein Spiel, in dem wir manchmal siegen und manchmal verlieren, und das wir daher nach dem Prinzip betreiben sollten: »Ich unternehme alles, um zu gewinnen. Aber wenn ich die Niederlage nicht vermeiden kann, weil vielleicht diesmal mein Gegner besser ist, dann finde ich mich damit ohne großes Wehklagen ab.«

Ganz bestimmt wird uns dieses Prinzip auch nicht von der Angst befreien, die jeder Konfrontation vorangeht. Selbstverständlich werden wir immer auf einen Sieg hoffen und uns vor der Niederlage fürchten. Beide, Hoffnung und Angst, sind Bestandteil der Spannung, die für die Lösung von Problemen höchst nützlich ist.

Worum es geht, ist einzig und allein, daß wir lernen, mit dieser Angst richtig umzugehen, damit es nicht andere auf unsere Kosten tun. Vor allem aber darum, daß unsere Ängste nicht uns beherrschen, sondern daß wir die Ängste bewußt beobachten, erkennen und kontrollieren.

Ein harmlos wirkender Slogan wie das vorhin erwähnte: »Mit uns in eine sichere Zukunft« zielt in Wahrheit auf nichts anderes ab als auf unsere Arglosigkeit. Die Partei meint: »Wähle mich doch bei der nächsten Wahl, dann werden wir dir die Probleme der Zukunft abnehmen. Vertraue blind auf uns, dann garantieren wir dir Sicherheit.«

Ich weiß nicht, wie Sie über die Vertrauenswürdigkeit der Funktionäre denken, die hinter den politischen Parteien stecken. Was mich betrifft, so glaube ich nicht, daß sie sich um meine gesicherte Zukunft mehr Sorgen machen als um ihre eigene. Es hat vielmehr den Anschein, daß sie ständig versuchen, sich mit Hilfe meiner Vertrauenswürdigkeit ihre Posten auch für die nächste Amtsperiode zu sichern. Von ihrer Fähigkeit, die Probleme der Zukunft tatsächlich mit Sicherheit für mich zu bewältigen, will ich lieber ganz schweigen.

Ein Grund mehr, in der Kunst, ohne Angst zu leben, davon auszugehen, daß es nur eine einzige wirkliche Sicherheit für uns gibt: die Sicherheit, die wir in uns selbst finden. Wann immer wir sie außerhalb suchen, sei es bei Menschen, Ideen,

Glaubensbekenntnissen oder einer schicksalhaften Hoffnung, so machen wir uns davon abhängig. Jede Abhängigkeit schließlich setzt uns der Manipulation durch die Mitwelt aus.

Lassen Sie mich diese wichtige Folgerung noch einmal ganz deutlich vor Augen führen:

- Die einzig wirkliche Sicherheit ist jene, die wir in uns selbst schaffen.
- Wenn wir die Sicherheit bei anderen Menschen, in Ideologien, Glaubensbekenntnissen oder in naiven Hoffnungen suchen, werden wir von diesen jeweiligen Faktoren abhängig.
- Jede Abhängigkeit setzt uns der Angst aus, wir könnten, ohne uns wehren zu können, im Stich gelassen werden.

Dies ist vermutlich die Grundformel für die Situation, in der die meisten von uns leben. Weil wir zu viel erreicht haben, hat sich die Angst, es wieder zu verlieren, vervielfacht. In unserer Hilflosigkeit liefern wir uns den Versprechungen aus, die man uns macht. Meistens sind es einfältige Tricks, auf die wir hereinfallen:

- Wenn man uns beispielsweise suggeriert: »Schützen Sie sich vor Kranksein, indem Sie eine Versicherung abschließen.« Als ob der Versicherungsagent uns gesundmachen könnte, obwohl schon die moderne Medizin die größten Schwierigkeiten damit hat.
- Oder wenn man uns verspricht: »Damit es dir morgen gutgeht, mußt du heute Opfer bringen.« Als seien die Opfer von heute schon jemals ein sicherer Schutz vor den Problemen von morgen gewesen.

Ganz zu schweigen von den Sicherheiten, die uns Technokraten, Wissenschaftler und andere Besserwisser versprechen, indem sie den Respekt ausnutzen, den wir vor ihnen haben. Wir alle erleben, um nur ein Beispiel zu nennen, wo-

hin uns das angeblich sichere Konzept des sogenannten »Keynesianismus« führte, an dem westliche Industriestaaten bis in die zweite Hälfte der siebziger Jahre ihre Wirtschaft orientierten.
Die Theorie des englischen Nationalökonomen Keynes besagt etwa folgendes:
Wenn die Nachfrage in der Wirtschaft nicht ausreicht, um die Kapazität der Produktion aufzunehmen, so ist die staatliche Nachfrage unbedingt zu erhöhen, selbst um den Preis einer steigenden Verschuldung.
Arglos verließen sich die Regierungen auf dieses, ihrer Meinung nach sichere Konzept. Hemmungslos vergrößerten sie die Defizite und verursachten unerträglich hohe Staatsschulden, eine rasch steigende Zinslast, ständige Steuererhöhungen und eine zunehmende Unbeweglichkeit des öffentlichen Budgets.
Ich verstehe nicht viel von der großen Politik, der Wirtschaft und ihren Zusammenhängen. Ich kann mir nur mein ganz persönliches Urteil darüber bilden, was aus dieser Welt unter dem Einfluß von Leuten geworden ist, die den Mitmenschen die großen Lösungen versprochen haben.
Sind wir durch die Wissenschaften glücklicher geworden? Haben uns die Religionen und Ideologien das große Glück gebracht? Verläuft unser Leben dank der Beglückungen der Technik problemloser? Haben die Erfahrungen der Vergangenheit neue Katastrophen verhindert?
Wer solche Fragen nicht verdrängt, kann auch der Entscheidung nicht aus dem Wege gehen, ob es irgend jemanden gibt, dem er mehr vertrauen könnte als sich selbst.
Unser Überleben als Individuen ist in dieser Zeit zu einer Frage der Selbsterhaltung geworden. Nachdem die bisherigen Angebote keine Sicherheit bieten, steht uns nur mehr der Weg zurück zu uns selbst offen; zum Frieden mit uns selbst, nachdem es in der Welt offensichtlich keinen Frieden

geben kann; zur Sicherheit im Glauben an uns, weil es niemanden mehr gibt, dem wir trauen könnten.

Anmerkungen wie diese gelten selbstverständlich nur für jene Minderheit von Menschen, die nach einer Alternative zu ihrem bisherigen Leben suchen. Für die Mehrheit wird auf nicht absehbare Zeit gelten, was ich erst heute früh auf der Titelseite einer Zeitung las: »Angst um Arbeitsplatz treibt Tausende in die Gewerkschaft.«

Krisen haben die Angst der Menschen immer gesteigert und sie empfänglich für neue Lösungen gemacht. Entscheidend allerdings war, wo sie danach suchten. Etwas von erstarrten Ideen und Institutionen zu erwarten, kann nur bedeuten, sich in neue Ängste zu stürzen.

Wie sich ein Geschäftsmann davor schützte, mit seiner Angst vor der Zukunft erpreßt zu werden

Hier ist die Geschichte des mir bekannten Geschäftsmannes Rudolf N., der auf eine recht interessante Weise lernte, das Spiel mit der Angst zu spielen, weil er nicht immer nur der Verlierer sein wollte.

Er besaß eine Firma für Elektroinstallationen und beschäftigte neun Mitarbeiter. Er konnte mit dem Lauf der Dinge zufrieden sein, denn jahrelang lebte er recht gut allein von den Aufträgen, die er von der Stadtverwaltung erhielt. Daß er dem dafür zuständigen Beamten im Rathaus für jede Vermittlung einen mit Geldscheinen gefüllten Briefumschlag überreichen mußte, störte ihn kaum. Das war in dieser Stadt so üblich.

Eines Tages nun teilte der Beamte meinem Bekannten mit, daß er mit der bisher bezahlten Bestechungssumme nicht mehr zufrieden sei, und verlangte das Doppelte. Diese Summe war so hoch, daß für Rudolf N. die Arbeit nicht mehr rentabel gewesen wäre. Früher oder später wäre seine Firma ruiniert gewesen.

Der Beamte hatte für solche Sorgen allerdings nur wenig Verständnis. Er sagte bloß: »Mein lieber Mann, wenn Sie nicht bezahlen können, muß ich den nächsten Auftrag leider an einen Ihrer Konkurrenten vergeben.«

Einige Tage lang war unser Freund verzweifelt. Schließlich sah er keine andere Lösung, als die geforderte Summe zu bezahlen, um wenigstens in den folgenden Monaten mit seinem Geschäft über die Runden zu kommen. Er bezahlte, erfüllt von Zorn und Verbitterung über die erlittene Demütigung. Aber noch größer war seine Angst vor einer ungewissen Zukunft.

Rudolf N. sah ein, daß er sich jahrelang in einer falschen Sicherheit gewähnt hatte und bequem geworden war. »Die Stadt ist der sicherste Auftraggeber«, hat er oft Freunden erwidert, wenn sie ihn davor warnten, sich von einem einzigen Auftraggeber abhängig zu machen.

Angst und Zorn, Erniedrigung und späte Einsicht schienen allerdings einen heilsamen Schock auf ihn auszuüben. Rudolf N. machte sich daran, seine Situation neu zu überdenken. Hier sind einige seiner Überlegungen, von denen er mir später nicht ohne Stolz berichtete:

- Sein größter Fehler war, so erkannte er, daß er sich von einem einzigen Mann, dem Auftraggeber in der Stadtverwaltung, abhängig gemacht hatte. Seine Schlußfolgerung aus diesem Fehler: »Nichts ist so sicher, daß man sich nicht dagegen noch einmal absichern müßte.«
- Praktisch bedeutete diese Erkenntnis für ihn, die Struktur seiner Kunden zu verändern. Als Idealvorstellung erkannte er: Nur mehr ein Drittel der Aufträge sollten von der Stadtverwaltung kommen, ein Drittel von mehreren größeren privaten Kunden und ein weiteres Drittel von Kleinkunden.
- Natürlich war damit weniger Bequemlichkeit für ihn und seine Mitarbeiter verbunden. Aber die Vielfalt der Auftraggeber und der größere Aufwand an Leistung waren ihm die Absicherung wert, die er sich davon versprach.
- Wenn ihn also in Zukunft einer seiner Kunden zu übervorteilen versuchte, brauchte er kein Verlustgeschäft mehr auf sich zu nehmen. Er konnte auf einen unrentablen Auftrag jederzeit verzichten. Wenn damit auch kei-

ne Garantie für ewige Sicherheit verbunden war, so hatte er doch wenigstens alles ihm Mögliche unternommen, um nicht mehr so leicht erpreßt werden zu können.
Noch heute, wenn ich gelegentlich mit dem Geschäftsmann zusammentreffe, erzählt er mir mit Begeisterung von damals, wobei er immer wieder mit besonderem Stolz auf ein späteres Zusammentreffen mit dem erwähnten Beamten zu sprechen kommt.
Rudolf N. hatte bei ihm vorgesprochen, um wieder einmal einen Auftrag der Gemeinde entgegenzunehmen. In dem Briefumschlag, den er ehrerbietig auf den Tisch legte, war diesmal allerdings nur mehr die Hälfte der geforderten Geldsumme.
Mit strafender Arroganz warf der Beamte das Geld quer über seinen Schreibtisch zurück. »Da müssen Sie sich geirrt haben«, meinte er streng. Aber der Geschäftsmann ließ es sich nicht nehmen, diesen Augenblick der Rache für seine Demütigung gehörig auszukosten. »Nein«, sagte er, »aber ich bin ganz einfach nicht mehr bereit, mich durch ein zu hohes Bestechungsgeld von Ihnen in den Konkurs treiben zu lassen.«
Der Beamte gönnerhaft: »Ich verstehe gar nicht, was Sie meinen. Aber wenn Ihnen der Betrag zu hoch ist, werden wir in Zukunft bedauerlicherweise keine Aufträge mehr für Sie haben.«
Rudolf N.: »Wenn Sie keine Aufträge mehr für mich haben, kann mich ja auch nichts mehr daran hindern, Anzeige gegen Sie zu erstatten. Schließlich ist das, was zwischen uns beiden hier seit Jahren läuft, nichts anderes als Bestechung.«
Der Beamte: »Ich glaube nicht, daß Sie mich anzeigen werden. Denn von diesem Zeitpunkt an werden Sie nie wieder von irgendeiner Abteilung dieses Hauses Arbeit bekommen, und Sie werden Pleite machen.«

Genau auf diesen Augenblick hatte N. gewartet. »Ich habe«, offenbarte er seinem Gesprächspartner in aller Ruhe, »meine Geschäftspraktiken etwas geändert und bin keineswegs mehr von Ihnen allein abhängig. Wenn ich also Ihren Fall an die Öffentlichkeit bringe, werden Sie vielleicht bei Gericht freigesprochen, aber die Geschichte wird in allen Zeitungen stehen. Sie wird ganz bestimmt Ihnen mehr schaden als mir. Denn meine anderen Kunden und viele Leute werden mich als Helden bewundern, der es gewagt hat, gegen die Obrigkeit aufzubegehren. Diese Werbung bringt mir genug neue Arbeit. Wobei ich andererseits glaube, daß man es dann in diesem Amt nicht mehr wagen wird, mir keine Aufträge mehr zu geben. Jedermann würde ja sonst sagen: ›Aha, jetzt rächen sie sich an N.‹«

Es war, wie gesagt, der Triumph eines Bürgers, der jahrelang einem stärkeren Gegner hilflos ausgeliefert war, bis er lernte, sich aktiv am manipulativen Spiel zu beteiligen.

Sehen wir einmal davon ab, daß der hier geschilderte Fall nicht ganz stubenrein ist, für uns kann er als vorzügliches Lehrbeispiel dienen.

Sollten Sie es ein wenig anrüchig finden, aus einem Fall von Erpressung und Beamtenbestechung lernen zu wollen, kann ich Sie beruhigen: Solche Dinge sind nicht nur alltäglich, sie sind Kleinigkeiten im Vergleich zu dem, was in der öffentlichen Verwaltung vielerorts üblich ist. Wenn Sie ein regelmäßiger Zeitungsleser sind, werden Sie wissen, was ich mit diesem Hinweis meine.

Davon aber ganz abgesehen, schlummert in den meisten von uns arglosen Bürgern ein kleiner Rudolf N.:

- Wir suchen nach Sicherheit dort, wo wir sie am bequemsten zu finden glauben.
- Wir verlassen uns darauf, daß das, was heute so klaglos funktioniert, irgendwie auch morgen und übermorgen so weiterläuft.

● Wir gewöhnen uns daran, von anderen abhängig zu sein. Hilflos geben wir ihren ständig zunehmenden Forderungen nach, nur weil wir unfähig geworden sind, unser Leben zu ändern und uns zur Wehr zu setzen.

Ich kenne Ehen, in denen dieses Spiel der einseitigen Erpressung seit Jahrzehnten im Gange ist, obwohl sich die Partner zu beiderseitigem Wohle schon längst hätten trennen sollen. Männer nehmen die tägliche Erniedrigung von machthungrigen Vorgesetzten in Kauf, nur um die fragwürdige Sicherheit einer pensionsberechtigten Stellung zu besitzen. Viele Ehefrauen lassen sich von ihren Männern nur deshalb tyrannisieren, weil sie sich für zu alt halten, anderswo ihr Glück zu suchen.

Ich kenne auch ein paar Familien, in denen Kinder ihre Eltern schamlos erpressen, und das nur, weil diese Eltern wegen eines Versagens in der Erziehung Schuldgefühle haben und meinen, sie müßten sich dafür selbst bestrafen.

Im Grunde genommen sind alle diese Leute Opfer ihrer Unfähigkeit, das Spiel mit der Angst, das ihre Mitwelt mit ihnen treibt, zu begreifen und zu lernen, damit sie nicht immer nur die Verlierer sind.

Warum es wichtig ist, sich von jeder Abhängigkeit erst einmal zu distanzieren

Der Fall des Geschäftsmannes Rudolf N. weist uns darauf hin, daß von außen her ein Impuls kommen kann, die Einstellung zum Leben zu verändern. Er mußte erniedrigt werden, seine Existenz mußte in höchste Gefahr geraten, ehe er sich von scheinbaren Sicherheiten löste, um seine Zukunft mehrfach abzusichern.
Was für sein Geschäft gilt, trifft in gleicher Weise für unser Selbstbewußtsein zu:
- Wenn Sie Glück und Zufriedenheit nur von einem einzigen Partner abhängig machen, wird Ihre Angst, von ihm im Stich gelassen zu werden, am größten sein.
- Wenn Sie sich mehrfach abgesichert haben, wird sich Ihre Angst vermindern. Sie können in der Gewißheit leben: Wenn mich einer im Stich läßt, gibt es noch immer einige andere, die mir helfen, die Krise zu überstehen.

Wir können also die Schlußfolgerung ziehen: Wenn wir erkannt haben, daß es keine wirkliche Sicherheit im Leben gibt, sollten wir darangehen, uns wenigstens mehrfach gegen die Angst abzusichern.
Wer das tut, hat dem Geschäftsmann N. bereits einen Schritt voraus und ergreift selbst die Initiative, statt zu warten, bis sie ihm aufgezwungen wird.
Die Kunst, ohne Angst zu leben, besteht schließlich nicht darin, sich darauf zu verlassen, daß man zufällig in der Gefahr das Richtige tut. Sie beruht vielmehr darauf, voraus-

schauend zu erkennen, wie wir uns auf mögliche Gefahren vorbereiten können: einerseits durch die richtige Einstellung, andererseits durch die Beherrschung erfolgversprechender Techniken im Umgang mit der Angst.
Die Schlüsselrolle dabei spielt eine Fähigkeit, von der auf den vorangegangenen Seiten schon die Rede war: die Fähigkeit, sich Distanz zu verschaffen, um die Situation in ihrer Gesamtheit zu überblicken, ehe wir eine Entscheidung fällen.
Werbeleute wissen, daß die Menschen zu 80 Prozent Kaufentscheidungen nicht aufgrund sachlicher Überlegungen, sondern aus einem Gefühl heraus treffen. Wie auch in unseren Ländern politische Wahlen längst nicht mehr durch sachliche Unterschiede der Parteiprogramme entschieden werden, sondern dadurch, wie viele Wähler einen Kandidaten glaubhafter oder sympathischer finden.
Ob wir uns für einen Kauf entscheiden oder für einen Politiker und dabei unseren Angstgefühlen ungehinderten Lauf lassen, bis sie uns beherrschen – in allen Fällen verabsäumen wir, uns Distanz zu schaffen und so zu entscheiden, wie es tatsächlich für uns richtig wäre.
Ein Grund dafür liegt zweifellos in den heutigen hektischen Lebensbedingungen. Noch nie wurde der Mensch so sehr von so vielen äußeren Impulsen vorangetrieben. Noch nie war die Diskrepanz zwischen den äußeren Reizen und der inneren Bewältigung so groß wie heute.
Deshalb besteht der entscheidende Schritt darin, sich aus dem Kreislauf des Getriebenwerdens zu lösen und die Fähigkeit zu lernen, jederzeit innezuhalten, um in sich selbst Ruhe und Sicherheit zu finden, in einem Zustand, in dem sich die Kraft entwickelt, sein Leben besser zu bewältigen und Ängste zu meistern.
»Innehalten und in sich Ruhe und Sicherheit finden.«
»Sich von den Ereignissen distanzieren, ehe wir von ihnen

mitgerissen werden und nicht mehr überblicken, warum wir etwas eigentlich tun.«

So einleuchtend solche Hinweise auch klingen, man sollte sich nicht damit zufriedengeben, sie nur wohlwollend zur Kenntnis zu nehmen. Denn auch die gescheiteste Einsicht nützt nichts, wenn wir daraus nicht praktische Schlußfolgerungen ziehen.

In diesem Falle heißt das: Wir sollten keinen Tag zögern, um zu lernen, wie man innehält und in sich Ruhe und Sicherheit findet. Von einer »schnellen Technik« war bereits die Rede, wir nannten sie »Teilentspannung«. Erinnern Sie sich noch daran? Hier ist noch einmal ihr Ablauf:

1. Schultern hochheben, ruhig einatmen.
2. Atem anhalten, Arme lockern.
3. Schultern fallen lassen, ausatmen und denken: »Die Schultern sind ganz schwer.«
4. »Ich bin ganz ruhig und frei von Angst.«

Falls Sie diese, einige Sekunden dauernde Entspannungsübung machen, wenn Sie Angst oder Ärger haben, ist das eine ausgezeichnete Maßnahme für diesen Augenblick. Als nächstes sollten Sie sich allerdings eine Technik aneignen, die am Morgen Ruhe und Sicherheit für den Rest des Tages aufbaut. Als Vorbeugung gegen alle Konfrontationen, die Ihnen bevorstehen.

Im Grunde genommen ist es genauso, wie wenn ein Fußballspieler in der Kabine vor dem Match entweder sagt: »Irgendwie wird es auch heute wieder laufen. Ich warte einfach ab, wie's kommt.« Oder ob er sich nach dem Anziehen der Schuhe still in eine Ecke verdrückt und denkt: »Ich bin ganz ruhig und stark. Ich habe keine Angst zu versagen, sondern konzentriere mich in jedem Augenblick des Spiels auf das, was ich tue. Ich bin ganz ruhig und frei, gleichgültig, was passiert.«

Der eine läßt die Dinge auf sich zukommen, ohne seinen

Geist, seine Einstellung, seine Gefühle vorher darauf einzustellen. Der andere lenkt seine Konzentration ganz gezielt auf das bevorstehende Ereignis. Er hat verstanden, daß das Training seiner inneren Einstellung genauso wichtig ist wie das Training des Körpers, die Beherrschung des Balles und die Taktik des Spiels.

Oder um einen anderen Vergleich anzuführen: Wenn unser Geschäftsmann Rudolf N. in sich selbst die Sicherheit besessen hätte, daß er von niemanden abhängig ist, hätte ihn die Eröffnung des Beamten, er müßte ab sofort die doppelte Bestechungssumme zahlen, nicht unvorbereitet wie ein Keulenschlag getroffen.

Ruhe, Harmonie und Stärke als vorbeugende Alternativen für bevorstehende tägliche Ängste können Sie mit einer Methode aufbauen, die ich selbst und einige Freunde seit vielen Jahren erfolgreich praktizieren. Wir nennen sie »Die Drei-Stufen-Entspannung«. Sie ist einfach zu lernen, erfordert keinerlei Aufwand, und jedermann kann sie jederzeit anwenden. Sie muß nicht länger als fünf bis zehn Minuten dauern.

Hier sind die einzelnen Phasen ihres Ablaufes:

Erste Phase:
Sie nehmen die bequemste Stellung ein. Ob Sie stehen, sitzen, liegen oder gehen, versuchen Sie, alles um sich herum zu vergessen, indem Sie Ihren Körper beobachten.
Fragen Sie sich: Sind meine Beine locker und entspannt? Ist mein Nacken, sind die Schultern entspannt? Ist mein Gesicht, meine Stirn entspannt? Mein Bauch?
Erst wenn Sie das Gefühl haben, wirklich locker und entspannt zu sein, sollten Sie in dieser Übung weitergehen.

Zweite Phase:
Sie verfolgen mit Ihren Gedanken Ihre Atmung. Tun Sie es auf folgende Weise: Wie sich der Atem beim Einatmen

durch Ihren Körper bis in den Bereich unterhalb des Nabels senkt und dort kurz innehält. Dann verfolgen Sie, wie Sie lange und ruhig ausatmen, ohne sich dabei im geringsten anzustrengen.
Wenn Sie ausgeatmet haben, halten Sie wieder kurz und ohne Anstrengung inne und atmen wieder ein.

Dritte Phase:
Wenn Sie etwa zehnmal auf diese Weise aus- und eingeatmet haben, versuchen Sie, die Ruhe bewußt zu erleben, die sich in Ihnen breit macht. Genießen Sie diese Ruhe. Lassen Sie sie sich ausbreiten und Ihr ganzes Denken und den Körper erfassen.
Mit der zunehmenden Entspannung im Verlaufe der Übung werden Sie sicherlich feststellen, daß Ihr Denken angeregt wird. Es werden Ihnen vielerlei Dinge einfallen. Unter anderem scheinbar unzusammenhängende Gedankensplitter, wie: »Muß ich denn heute nicht mein Auto tanken?« oder: »Was werde ich bloß heute meiner Familie zum Abendessen kochen?«
Wichtig ist, daß Sie keinen Ihrer Gedanken unterdrücken oder zu verdrängen versuchen, weil Sie meinen, er könnte Ihre Ruhe stören. Gedanken werden nur dann stören, wenn Sie selbst sie als störend qualifizieren, also wenn Sie sich etwa sagen: »Ich sollte ja jetzt ruhig und entspannt sein, und da kommen alle diese völlig unwichtigen und dummen Gedanken dazwischen.« Unterdrücken Sie ihre Gedanken nicht, sondern lassen Sie sie vorbeiziehen. Irgendwohin ins Leere.
Haben Sie das eine Weile lang getan, atmen Sie kräftig und befreiend aus und beginnen Sie den Alltag. Diese »Drei-Stufen-Übung« muß allerdings keineswegs auf den Tagesbeginn beschränkt bleiben. Manche Leute, die sie anfangs mit viel Überwindung einmal täglich machten, haben sie in-

zwischen dreimal am Tage zum Ritual erhoben, das sie nicht mehr missen möchten.

Was immer Sie aus dieser Übung machen, bleibt Ihnen überlassen. Es geht schließlich nicht darum, etwas präzise nachzuvollziehen, was für andere Menschen nützlich ist. Mit Sicherheit kann nur eines gesagt werden: Es wird für Sie nützlich sein, sich eine Technik anzueignen, mit der Sie in sich gezielt, bewußt und täglich Ruhe, Harmonie und innere Sicherheit aufbauen, als langfristige Alternative gegen Ihre Ängste. Was zum Ziel führt, wird richtig sein.

Falsch wäre nur, überhaupt nichts gegen seine Ängste zu unternehmen, obwohl man deutlich fühlt, daß es Zeit ist, etwas dagegen zu tun.

Warum es sich im wahrsten Sinne des Wortes bezahlt macht, nach den richtigen Sicherheiten zu suchen

Die meisten von uns sind in einer Zeit aufgewachsen, in der nur die Realitäten zählen. Was man sehen kann, gilt. Was man beweisen kann, ist entscheidend. Geld, Besitz, Arbeit, Fleiß, was man sich leisten kann, was man herzeigen kann – das sind die Maßstäbe dieser Tage.

Natürlich gebraucht man immer wieder Ausdrücke wie »innere Werte«. Es ist modisch, ihre Bedeutung hervorzuheben. Aber kaum jemand kümmert sich darum, was damit gemeint sein soll. Ganz ohne Zweifel steht der Besitz äußerer Werte im Vordergrund. Weil jedoch die meisten Leute nie genug davon kriegen, bleibt ihr Streben nach Mehr und Besser der Ersatz für das, was man »innere Werte« nennen könnte.

In diesem Trend der Entwicklung ist die Beziehung zu unserem »Inneren« stark verkümmert. Wir mißtrauen uns und unseren Fähigkeiten viel mehr als den Versprechungen fremder Leute. Kein Wunder auch, daß wir erst gar nicht auf die Idee kommen, die wirkliche Sicherheit zuerst bei uns selbst zu suchen.

Dabei wäre nichts logischer als das. Die Fähigkeit, nein zu sagen, wenn wir nicht ja sagen wollen, stellt beispielsweise einen inneren Wert dar. Oder die Fähigkeit, etwas zu tun, das getan werden muß, obwohl wir uns davor fürchten.

Vielleicht haben Sie noch nie eine derartige Überlegung angestellt. Aber ahnen Sie, wieviel Geld, Leistung und gesundheitsschädigender Ärger Ihnen erspart geblieben wäre, wenn Sie diese beiden Werte »Nein-sagen-Können« und »Handeln-statt-Fürchten« besessen hätten?

Wir versuchten vor Jahren in einem Wochenendseminar, mit einigen interessierten Leuten diese Frage zu untersuchen. Das Ergebnis war erstaunlich. Auf die Frage »Was hätten Sie sich in der vergangenen Woche alles erspart, wenn Sie diese beiden Eigenschaften besessen hätten?« gab es unter vielen anderen auch folgende Antworten:

- »Ich hätte mir in einer Boutique ein Kleid nicht gekauft, nur weil mir die Besitzerin schmeichelte, ich sei darin viel schlanker, als ich wirklich bin. Eigentlich hätte ich diesen Trick durchschauen und nein sagen müssen, weil mir das Kleid eigentlich gar nicht gefiel.«

- »Ich habe meiner Frau, mit der ich seit acht Jahren verheiratet bin, für Dienstag einen netten Abend versprochen. Einmal wieder mit ihr intim zu sein. Aber ich hatte Angst davor, weil beim vorangegangenen Versuch nichts mit mir los war. Ich fühlte mich in meinem männlichen Stolz gekränkt. Also erfand ich alle möglichen Ausflüchte.

  An diesem Abend führte ich meine Frau ins Kino, dann gingen wir in ein Restaurant. Immerfort dachte ich daran, ob es diesmal im Bett klappen würde. Ich war so gereizt und unaufmerksam, daß es prompt zu einem Streit kam. Ich nutzte ihn als willkommene Entschuldigung dafür, nicht mit meiner Frau schlafen zu müssen. Jetzt allerdings wird mir bewußt, daß ich mir das alles erspart hätte, wenn ich ganz einfach mit ihr intim geworden wäre und mir gesagt hätte: Ich fürchte zwar ein neuerliches Versagen, aber ich versuche es und laufe nicht vor meiner Angst davon.«

- »Ich versuche seit zwei Wochen meinem Chef zu sagen, daß ich meinen Posten bei ihm kündigen will, weil wir es

uns jetzt leisten können, daß ich ganz für unsere beiden Kinder da bin. Aber mein Chef sagt immer, ohne mich wäre er aufgeschmissen. Wir haben ein sehr gutes Arbeitsverhältnis. Also fällt es mir schwer, ihm meine Kündigung mitzuteilen. Andererseits fragt mich mein Mann jeden Abend, ob ich es schon erledigt hätte.
Ich kann Ihnen gar nicht sagen, wie ich unter diesem Zwiespalt leide. Ich rauche doppelt soviel, was sicherlich meiner Gesundheit nicht zuträglich ist. Das Essen schmeckt mir nicht. Hin und wieder quälen mich starke Magenkrämpfe. Es ist furchtbar. Und alles nur deshalb, weil ich Angst davor habe, einem anderen Menschen weh zu tun. Jetzt wird mir aber allmählich bewußt, wie sehr ich mir damit selbst weh tue.«
Das sind nur drei ausgewählte Beispiele eines langen Protokolls, in dem nichts anderes dokumentiert ist als die Unfähigkeit, uns auf uns selbst, unsere inneren Werte und die tatsächlichen Sicherheiten zu besinnen. Die Sicherheit, beispielsweise, imstande zu sein, das Unvermeidliche zu tun, wenn es getan werden muß.
Ich stelle an mir immer wieder die Versuchung fest, mir selbst auszuweichen und mich an einen äußeren Ersatz für innere Sicherheit zu klammern. Und wissen Sie, warum? Weil es tausend Male bequemer ist, mit seiner Frau Streit anzufangen, als mit ihr zärtlich zu sein. Oder weil es im Grunde genommen auch bequemer ist, emsige Tätigkeit vorzutäuschen, statt zur Einsicht zu kommen, daß die Hälfte dieser Tätigkeit für mich völlig sinnlos ist.
Die größte Sicherheit, die wir besitzen können, ist die Fähigkeit, uns selbst als das zu geben, was wir tatsächlich sind.
Was bedeutet das?
Es bedeutet vorerst einmal, daß wir dann nicht vorzutäuschen brauchen, anders zu sein, als wir tatsächlich sind. Wir

leben so, wie wir leben möchten und bekennen uns vor der Mitwelt dazu. Also brauchen wir auch keine Angst zu haben, andere könnten dahinterkommen, daß wir gar nicht der sind, den wir ihnen vorgaukeln.
Dieses Bekenntnis zu uns selbst verleiht uns ein höchstes Maß an Sicherheit gegen alle Angriffe von außen. Es setzt allerdings auch ein höchstes Maß an Anstrengung voraus, unsere tatsächliche Persönlichkeit zu entdecken, zu trainieren und sie zu verwirklichen.
Wer sich dieser Logik nicht entzieht, kann sehr bald feststellen, ob es für ihn rentabler ist, sich mehr auf seine innere Sicherheit zu verlassen oder auf Ersatzhandlungen, so wie einige Teilnehmer an dem erwähnten Seminar. Ist das nicht Grund genug, sich täglich wenigstens einmal hinzusetzen und in sich hineinzuhorchen nach Werten, die durch nichts zu ersetzen sind?

Vierte Zusammenfassung, ehe Sie weiterlesen

Unser Leben ist ein einziges Streben nach Sicherheit, die sich nie erfüllen kann. Es sei denn, wir suchen sie nicht mehr in den Versprechungen anderer Leute, sondern in uns selbst.
Wenn wir uns darauf verlassen, daß alles ewig so bleiben wird, wie es einmal begonnen hat, werden wir eines Tages einen Schock erleiden. Denn niemand ist für die Mitwelt leichter erpreßbar als jemand, der sich auf andere verläßt.
Die Sicherheit in uns selbst zu finden, bedeutet, nie damit aufzuhören, sie dort zu suchen. Der erste Schritt in dieser Suche ist das Innehalten gegenüber den permanenten Versuchungen unserer hektischen Wohlstandsgesellschaft.
Natürlich können wir abwarten, bis uns eine heilsame Krise dazu zwingt, in uns zu gehen. Aber ist es nicht besser, rechtzeitig ganz bewußt im manipulativen Spiel des Alltags mitzumischen?
Eine Methode, dafür täglich Kraft und innere Sicherheit zu schöpfen, ist die »Drei-Stufen-Entspannung«. Sie besteht aus:
1. Sich entspannen.
2. Sich auf die Atmung konzentrieren.
3. Die Gedanken an sich vorbeiziehen lassen und die Harmonie bewußt erleben.

Der fünfte Schritt

Beim fünften Schritt in der Beschäftigung mit der Kunst, ohne Angst zu leben, geht es um die Freiheit, nach der wir uns ein Leben lang sehnen.

In diesem Zusammenhang wird der Leser ermutigt, eine Technik des Meditierens zu erproben. Vier Möglichkeiten werden beschrieben:
- Das Meditieren mit einem Wort.
- Das Meditieren mit der Atmung.
- Das Meditieren mit einem Blickfang.
- Das Meditieren in der Bewegung.

Warum so viele Menschen ein Leben lang die große Freiheit suchen und warum nur wenige sie wirklich finden

Seit ich denken kann, habe ich nie aufgehört, mich nach mehr Freiheit zu sehnen, als ich zu diesem Zeitpunkt gerade besaß. Ungezählte Stunden lang saß ich während meiner Schulzeit im langweiligen Latein- oder Mathematikunterricht, und meine Gedanken waren irgendwo anders. Mein Körper war an eine enge Bank gebunden, aber meine Phantasie war frei.
Später wurde es mir in meinem Elternhaus zu eng, dann im Beruf, natürlich auch in der Ehe. Es gab Zeiten, da zweifelte ich nicht im geringsten daran, daß es nichts Wichtigeres gäbe, als genug Geld zu besitzen, um mir damit die Freiheit schaffen zu können, die man im Leben braucht. Heute weiß ich längst, daß mehr Geld auch mehr Abhängigkeiten schafft.
Ich glaube nicht, daß es anderen Leuten anders geht als mir. Ihre und meine Versuche, sich von irgend etwas zu befreien, werden nicht sehr verschieden voneinander sein. Sehr oft geht es uns dann aber wie den Revolutionären. Sie stürzen das Alte, um später genau das gleiche zu tun, was sie an ihren Vorgängern so haßten. Sehen Sie sich um, überall in der Welt finden Sie den Beweis dafür. Und ich gehe mit Ihnen jede Wette ein, daß sich auch in Zukunft daran nichts ändern wird.
Trotzdem wird das Schlagwort von der »Befreiung« und den »Befreiern« nie seine Wirkung verfehlen. Der Traum

von der großen Freiheit ist für viele die einzige Hoffnung in einem Leben voller Abhängigkeit. Es bedeutet Sprengen der Ketten, Ausbruch aus dem Hergebrachten, Abenteuer, Wagnis und Risiko. Es bedeutet, daß alles anders wird. Aber genügt es wirklich schon, sich vom Alten loszusagen, um damit den Weg in die große Sehnsucht nach der ersehnten Freiheit anzutreten?

Es ist schon ein paar Jahre her, da führte ich mit einem Freund nie endenwollende Gespräche über seine Eheprobleme. Er erzählte mir bis in die kleinsten Einzelheiten, was ihm an seiner Frau auf die Nerven ging. Manches davon hatte er vor der Ehe an ihr noch sehr bewundert. Ich brachte ihn dazu, sich auch über seine eigenen Fehler einige kritische Gedanken zu machen und bemühte mich redlich, die Sache wieder in Ordnung zu bringen.

Es gelang mir nicht. Am Tag nach der Scheidung war er aufgeweckt wie nie zuvor. »Endlich wieder frei«, jubelte er überschwenglich.

Seine Freiheit dauerte nicht ganz ein Jahr, dann stellte er mir eine junge Dame vor. Äußerlich sah sie seiner geschiedenen Frau zum Verwechseln ähnlich, aber ihre inneren Qualitäten beschrieb er mir etwa so: »Sie versteht mich. Sie ist still und zärtlich und erfüllt meine Wünsche, noch ehe ich sie aussprechen kann. Sie ist für mich die große Liebe. Nie hätte ich gedacht, daß ich so etwas noch erleben dürfte.«

So also sah die große Freiheit aus, in die er sich nach seiner Scheidung begeben hatte. Wer auch nur ein bißchen Lebenserfahrung besitzt, wird ahnen, wie es um diese große Liebe heute steht: Alles ist wie bei seiner ersten Frau. Seine Klagen sind jetzt nur noch viel eindringlicher geworden, wenn er sich gelegentlich bei mir ausweint. Aus der gepriesenen großen Liebe wurde längst enttäuschende Gewöhnung. Seine zweite Frau erfüllt ihm seine Wünsche inzwischen nicht einmal mehr, wenn er sie öfter als nur einmal ausspricht. Gelegentlich, so gesteht er mir immer öfter, sehnt er sich nach seiner früheren Frau zurück.

Für manchen Leser, der sich alle Illusionen über die Freiheit bis heute erhalten hat, mag es wie eine Beleidigung klingen, wenn hier ein kleinliches Eheproblem damit in Zusammenhang gebracht wird. Freiheit, wird er sich empören, das ist der Kampf gegen die Unterdrückung, das sind die Märtyrer, die gefoltert werden, das ist das Abwerfen aller Hemmungen – und so weiter, und so weiter.

Es mag schon sein, daß das alles auch mit Freiheit zu tun hat. Aber die Unterdrückung beginnt nicht in Militärdiktaturen. Gefolterte sind nur deshalb Märtyrer, weil irgend jemand sie aus ganz gezielten Gründen dazu macht. Wer schließlich davon spricht, alle Hemmungen abzuwerfen, will im Grunde genommen oft nur eines: Davonlaufen vor den kleinen Alltagsproblemen, die zu bewältigen er unfähig ist. Oder zu bequem.

Deshalb stellt sich in vielen Fällen der dramatische Aufbruch in die große Freiheit als nichts anderes dar als eine kleinliche Flucht vor sich selbst, für die man anderen die Schuld in die Schuhe schieben möchte: den Reichen und den Unterdrückern, dem Konsumzwang und der Gesellschaft oder ganz einfach dem Ehepartner, der sich dagegen wehrt, ausgenützt zu werden.

Nach solchen Überlegungen über unsere Freiheitsbestrebung können wir einige praktische Schlußfolgerungen ziehen:

1. Viele Leute reden sich und anderen ein, sie seien auf dem Trip zur großen Freiheit. Tatsache aber ist, daß sie nur eine glaubhafte Entschuldigung für ihre Bequemlichkeit suchen, die kleinen Probleme des Alltags nicht zu lösen, und zwar hier und jetzt.
2. Wer einem anderen die Schuld für seine Unfreiheit gibt, tut vielleicht selbst nicht genug, um sich frei zu machen.

3. Wer immerfort von der Freiheit redet, hat vielleicht nur den Zeitpunkt verpaßt, sie endlich zu erobern.
4. Wer seine eigene Freiheit durch die Unfreiheit anderer erlangen will, macht den ersten Schritt zurück zur eigenen Unfreiheit.

Sicherlich sind das alles schöne Sprüche, die nichts über die Freiheit aussagen, sondern nur einiges darüber, auf welchen seltsamen Umwegen wir sie erlangen möchten. Es darf uns nicht wundern, warum wir so wenig über die Freiheit wissen. Woher auch? Niemand weit und breit ist daran interessiert, sie uns zu geben. Ganz im Gegenteil, die Systeme, in denen wir leben, sind perfekt dafür eingerichtet, unsere persönlichen Freiheiten einzuschränken. Sich individuelle Freiheiten herauszunehmen, wird sogar mit Strafe bedroht.

Deshalb sollten wir die uns zugesicherten Rechte der freien Rede, der freien Entfaltung oder auch nur der Freiheit des Denkens als das erkennen, was sie sind: Man gewährt sie uns, aber ist froh darüber, daß die überwiegende Mehrheit der Bürger nichts damit anzufangen weiß.

Einerseits wollen die meisten Menschen die Möglichkeiten ihres Freiheitsdranges gar nicht konkretisieren. Sie begnügen sich mit den Freiheiten, die man kaufen kann, mit der Freiheit, jederzeit vor dem Fernsehapparat sitzen zu dürfen, oder der Freiheit des Urlaubs an den überfüllten Stränden des Mittelmeers. Manchen genügt schon die Freiheit, sich einem Eingeborenen irgendwo in der Provinz gegenüber als etwas Besseres aufspielen zu können.

Es sind die Freiheiten, die man sich herausnimmt, weil sie wohlfeil und fein säuberlich eingebettet sind in die genormten Vorstellungen:

- Frei sein heißt, nicht im Gefängnis sitzen müssen.
- Frei sein heißt, freier sein als ein anderer, dem es schlechter geht als mir.
- Frei sein heißt, auf der Straße seine Meinung offen

äußern zu dürfen, auch wenn man nicht den Mut hat, es tatsächlich zu tun.
- Frei sein heißt, in den Urlaub dorthin fahren zu können, wo man hinfahren möchte. Auch wenn man es sich gar nicht leisten kann.

Die Freiheit, von der ständig geredet wird, ist genauso genormt wie all die anderen Begriffe, die unser Leben bestimmen – Begriffe wie Sicherheit und Demokratie, Mut und Feigheit, Ehre und Treue, Gläubigkeit und Autorität. Wer es nicht schafft, sich aus den Verallgemeinerungen zu lösen und die ganz persönliche Vorstellung seiner individuellen Freiheit zu suchen, hat von vorneherein nicht die geringste Chance, sie irgendwann einmal auch zu finden.

Was es für mich bedeutet, an jedem Morgen aus einer Pistole zehn Schüsse abzugeben

Seit etwa zwölf Jahren gebe ich täglich morgens in meinem Arbeitszimmer zehn Schüsse aus einer Luftpistole auf eine Zielscheibe ab. Ich tue es nicht, um für die nächsten Olympischen Spiele zu trainieren, sondern weil ich dadurch ein wenig mehr über mich selbst erfahren möchte. Jeder einzelne Schuß ist ein Versuch, ein Stück Freiheit in mir selbst zu entdecken.
Ich gehe davon aus, daß die Freiheit nicht irgendein für mich ungreifbarer Zustand ist, sondern etwas sehr konkret in mir Ruhendes. An mir allein liegt es also, es dort auszugraben. Für mich gibt es auch nicht den geringsten Zweifel, daß es nicht genügt, über die Freiheit nachzudenken, sie zu definieren oder darüber zu philosophieren.
Was haben schließlich alle die großen Philosophen, Denker und Befreier in dieser Sache erreicht, mit allen Zweifeln und Theorien, die von ihrer Mitwelt doch nur mißverstanden wurden? Oft denke ich mir, welch seltsame Art von Freiheit die Ideen des Che Guevara oder des Ho Chi Minh, des Mao Tse-tung oder eines Maximilien de Robespierre den Menschen brachten, für die sie angeblich durchgefochten worden sind.
In welcher Art von Freiheit lebt man in der Sowjetunion seit der großen Befreiung? Oder in Kuba und Vietnam? Fühlen sich die Menschen dort frei, weil sie befreit worden sind und es tatsächlich glauben? Oder haben manche von ihnen eine

tiefe innere Freiheit erlangt, weil es für sie keine andere Chance mehr gibt, als sich in das zu fügen, was der nächste Augenblick für sie bringt? Ohne etwas zu erhoffen, ohne noch etwas zu fürchten?
Wenn es so ist, kann man dann nicht behaupten, diese Menschen hätten ein viel höheres Maß an innerer Freiheit erlangt als wir in unseren Ländern des sogenannten freien Westens?
Es würde bedeuten, daß jeder von uns seine Freiheit in sich selbst suchen muß und finden kann. Gleichgültig, welchen äußeren Bedingungen er ausgesetzt ist.
Weiterhin könnte es heißen, daß die Freiheit erst dort beginnt, wo sie nicht mehr unserem programmierten Denken und Fühlen unterliegt, in einer anderen Dimension der Einstellung zum Leben, wo die eingelernten Maßstäbe aufgehoben sind.
Zugegeben, alles das klingt für Sie vermutlich ein wenig weit hergeholt. Kehren wir deshalb zurück zu dem praktischen Versuch, meine eigene Freiheit in dieser »anderen« Dimension mit Hilfe der täglichen Schießübungen zu entdecken. Denn, so meine ich, was für die Bewältigung der Angst gilt, gilt in gleichem Maße für die Erringung der Freiheit: Wir dürfen nicht aufhören, das zu tun, was wir erlangen möchten, indem wir das tun, was wir am meisten fürchten, oder das, was uns ein praktisches Erlebnis von Freiheit vermittelt.
Gelegentlich, vielleicht einmal in zwei Wochen, gelingt es mir bei meinen täglichen Übungen, einen Schuß abzugeben, der genau ins Zentrum der Scheibe trifft. Er verschafft mir ein Erfolgserlebnis und darüber hinaus noch eine schwer zu beschreibende Empfindung. Es ist, als hätte ich wohl die Pistole bewußt geladen, den Arm gehoben, richtig geatmet – dann aber ist alles ganz von selbst passiert. Als hätte nicht ich, sondern ein unbewußtes »Es« geschossen.

Auch wenn Sie jetzt über mich lächeln: Aber in solchen Augenblicken spüre ich ein höchstes Maß an Freiheit, das ich inzwischen schon längst nicht mehr allein bei meinen Schießübungen zu erlangen versuche, sondern bei allem, was ich tue.

Auch wenn Erlebnisse wie diese rein intuitiver Art sind, so versuche ich doch daraus bewußte Erfahrungen und Schlußfolgerungen abzuleiten. Eine davon lautet: Die Freiheit ist nicht dauerhaft, sie ist auch nicht festzuhalten. Sie vollzieht sich in jeder einzelnen unserer Handlungen neu, in jedem Schuß und in jedem Atemzug. Vermutlich hat sogar jeder einzelne Augenblick unseres Lebens seine eigene Freiheit, um die wir uns bemühen müssen.

Nichts macht mir diese Vermutung deutlicher als die zehn Schüsse am Morgen. Jeder einzelne bedarf der vollkommenen Konzentration, damit er ins Zentrum fällt. Es kann nur gelingen, wenn alles an mir darauf eingestellt ist, sowohl mein Körper als auch Geist und Technik.

Manchmal ertappe ich mich dabei, wie ich einen der Schüsse genauso abgebe, wie ich vieles im Leben tue – mit halber Kraft. Ich bemühe mich ein *bißchen* und erwarte *alles.* Irgendwie, so hoffe ich wenigstens, wird es schon gelingen. Aber mit dieser Hoffnung und der halben Bemühung ist unweigerlich die Angst verbunden, daß sich meine Hoffnung nicht erfüllt. Eine Angst, die durchaus zu Recht besteht, weil es jeder Logik widerspricht, aus halber Leistung ein ganzes Ergebnis zu erwarten. So bleibt es dem Zufall überlassen, ob ich mein Vorhaben noch gerade zufriedenstellend über die Runden bringe.

Dies sind einige so wichtige Erkenntnisse, daß wir sie uns noch einmal in aller Deutlichkeit vor Augen führen sollten. Lassen Sie mich also der Reihe nach wiederholen:

1. Die Freiheit vollzieht sich in jedem Augenblick unseres Lebens.

2. Je besser wir imstande sind, den Erfordernissen jedes Augenblicks unseres Lebens gerecht zu werden, um so größer wird unsere Freiheit sein.
3. Wenn wir die Freiheit des Augenblicks nur ein bißchen, also mit halber Kraft zu erreichen versuchen, dürfen wir auch keine ganze Freiheit erwarten.

In unserer Unfähigkeit, diese drei angeführten Punkte zu erfassen und unser Verhalten danach einzurichten, nehmen die meisten unserer Ersatzhandlungen ihren Ausgang. Mit ihnen geht auch die Angst als ein untrennbarer Begleiter einher.

Oder, um es anders auszudrücken: Wenn wir uns von allen Hemmungen frei machen, um den Erfordernissen jedes Augenblicks oder jeder Handlung zu genügen, brauchen wir vor nichts Angst zu haben. Diese Freiheit, im Augenblick richtig zu handeln, löst das Problem der Angst ganz von selbst. Die Angst beginnt, wenn ich nicht imstande bin, Geist und Körper für den entscheidenden Augenblick in Einklang zu bringen. Ich selbst mache täglich bei meinen Schießübungen folgendes:

- Ich versuche, mich ganz zu entspannen.
- Dann lade ich die Waffe.
- Ich atme ein und strecke den Arm aus. Ich blicke zwar auf den Mittelpunkt der Scheibe, aber ich denke nicht daran, sondern versuche, mich ganz absichtslos auf das Zentrum meines Körpers zu konzentrieren, aus dem alle Energie kommt.
- Dann hebe ich den Arm und atme dabei aus.
- Ich ziele und warte, bis sich der Schuß ganz von selbst löst.

Das also ist die Technik, nach der ich vorgehe. Sie funktioniert nach so vielen Jahren des Übens nahezu automatisch. Aber sie ist nicht dafür allein entscheidend, ob sich der Schuß »in völliger Freiheit löst« und ins Zentrum trifft. Entscheidend ist vielmehr, wie frei ich in meinen Gedanken und Gefühlen bin.

So gebe ich beispielsweise öfter einen Schuß ab, der, aus welchen Gründen auch immer, ein paar Millimeter neben das Zentrum trifft. Folgendes geschieht:

- Ich bin verärgert und fange an, mich selbst zu beschimpfen. Ich sage mir: »Kein Wunder, daß dir das passiert, du hast ja auch an etwas ganz anderes gedacht.«
- Dann folgt eine Phase der Selbstbelehrung. Ich sage mir: »Also, du mußt dich entspannen. Nicht ärgern. Gar nichts denken. Laß es schießen. Alles klar? Also, dann los.«
- Durch solche Belehrungen angespannt, mache ich mich daran, den nächsten Schuß vorzubereiten. Immer mit den vielen Anordnungen im Hinterkopf, alles so richtig zu machen, wie es vorgesehen ist.
- Und fast unvermeidlich kommt in diesen Augenblicken die Angst ins Spiel. Die Angst, daß ich wieder danebenschießen könnte. Vielleicht schließe ich in dieser Angst auch einen Kompromiß und sage mir: »Wenn dieser Schuß schon nicht ins Zentrum trifft, dann wenigstens in die Nähe.« So bereite ich schon die Entschuldigung für einen möglichen Fehlschuß vor.
- Wenn ich nicht imstande bin, in dieser Phase mich von allem zu lösen, von den Erwartungen und Hoffnungen und von der Angst, daß der Schuß wieder nicht ins Ziel kommt, dann trifft er es auch nicht.

Ist es ein Wunder? Ich war mit allem anderen viel mehr beschäftigt als damit, die für den richtigen Schuß notwendigen Voraussetzungen zu schaffen. Dazu hätte es gehört, mich von allen Gedanken und Gefühlen frei zu machen, damit der Schuß sich völlig unbeeinflußt lösen kann.

Ich gehe so weit zu behaupten, daß jemand, der diese Zusammenhänge wirklich erfaßt hat, den wichtigsten

Schritt im Studium der Kunst, ohne Angst zu leben, gemacht hat.
Wenn ich diesen Vorgang der Selbstbefreiung zuwege bringe, hat die Angst keinen Ansatzpunkt. Denn ich erhoffe nichts und brauche deshalb auch nichts zu befürchten. Ich habe meinen vorangegangenen Fehler zur Kenntnis genommen, aber ich ärgere mich nicht darüber. So bin ich von dem, was kommt, und von dem, was war, abgeschlossen. Ich handle sozusagen schottendicht in dem, was diesem Augenblick entspricht. Ich handle frei im Hier und Jetzt.
Dies ist eine entscheidende Erkenntnis für die Bewältigung unserer Ängste. Sie regt allerdings sofort die Frage an: Was können wir tun, um diese »Freiheit im Augenblick« zu erlangen? Im nächsten Abschnitt wird versucht, auf diese Frage eine Antwort zu geben.

Warum Sie nicht gleich vor Ehrfurcht erstarren sollten, wenn von Meditation die Rede ist

Ehe wir uns mit der Technik der Meditation beschäftigen, hier zwei Hinweise aus dem Buch »Freedom in Meditation« der amerikanischen Psychotherapeutin Patricia Carrington. Sie hat viele Jahre hindurch Meditation nicht nur studiert, sondern auch praktisch angewandt.
Sie berichtet: »Der Psychologe William Linden lehrte einer Gruppe von Kindern aus weniger privilegiertem Elternhaus das Meditieren. Die Kinder wurden vor dem Erlernen der Technik erstmals und dreizehn Wochen später noch einmal getestet. In der Zwischenzeit meditierten sie in der Schule täglich einige Minuten lang.«
»Beim Abschluß dieses Experimentes zeigten ihre im Test erreichten Werte, daß sie bedeutend unabhängiger geworden waren, daß also Individualität und innere Unabhängigkeit in beachtlichem Maße gestiegen waren.«
Ähnliche Beobachtungen machte, laut Patricia Carrington, auch ihr Kollege Kenneth Pelletier. Er überprüfte eine Gruppe von Versuchspersonen an der Universität von Kalifornien vor und nach dreimonatigen täglichen Meditationsübungen.
Das Ergebnis: »Nach dieser Zeit«, so der Psychologe, »neigten sie dazu, ihre persönlichen Rechte in Situationen wahrzunehmen, in denen sie diese früher nicht erkannt hatten. Außerdem sind sie nun imstande, sozialem Druck besser standzuhalten, ohne ihre eigenen Ansichten aufzugeben.

Sie zeigen sich auch entschlossener und können eigene Ansichten ungehemmter zum Ausdruck bringen.«

All das bewirkten ein paar Minuten Meditation an jedem Tag. Ist das nicht ein erstaunliches Ergebnis? Dazu muß gesagt werden, daß es sich hier nur um einige von vielen Versuchsergebnissen mit Meditierenden handelt. In anderen wurde beispielsweise speziell festgestellt, daß sich Patienten durch regelmäßige Meditation sogar von krankhaften Ängsten und Hemmungen frei machen konnten.

Ich bin weder Psychologe oder Arzt, noch gehöre ich irgendeiner religiösen Sekte an, was mich jedoch seit über einem Dutzend Jahren nicht daran hindert, mir Techniken anzueignen, die mich dabei unterstützen, das Leben zu führen, das ich führen möchte.

Wie immer ich es auch drehe und wende: Was ich vor allem möchte, ist, ein Leben in größtmöglicher persönlicher Freiheit zu führen, in einer Freiheit, in der ich mehr von mir selbst abhängig bin und weniger von den äußeren Bedingungen meines Lebens, die vorwiegend von der Umwelt bestimmt werden. In allen diesen Jahren fand ich keine geeignetere Methode des Innehaltens im Alltagsgetriebe, des »In-sich-Hineinhörens« und der inneren Selbstbefreiung als die tägliche Meditation.

Während eine andere erprobte Technik, das autogene Training, durch regelmäßiges Üben zur gezielten Selbstveränderung beitragen kann, ist die Meditation der entscheidende Schritt zur inneren Harmonie und Freiheit und damit zur Angstbewältigung.

Was viele Menschen davon abhält, sich dieser nützlichen Technik zu bedienen, ist ein übertriebener Respekt vor dem Begriff »Meditation«. Wir bringen ihn oft allzu sehr in Verbindung mit Religion, mit asketischen Mönchen, japanischen Klöstern, Sekten oder Organisationen, in denen die Meditation zum Ritual gehört. Das sollte niemanden daran hindern, nur für sich, daheim oder wo immer es ihm Freude macht, zu meditieren. Und zwar mit dem ganz nüchternen, profanen Ziel, dadurch mehr innere Freiheit, mehr Selbstbewußtsein und mehr Glück zu erlangen und seine Angst zu verringern.

Die Technik selbst ist so einfach, daß sie jeder, der sich dafür interessiert, in wenigen Minuten lernen kann. Daraus den größtmöglichen Nutzen zu ziehen, ist allerdings eine Frage von Zeit und Ausdauer.

Ich selbst halte es mit einem Meister des Zen, der einem Schüler auf die Frage: »Meister, wie lange soll ich meditieren, um die große Befreiung zu erleben?« erwiderte: »Bis zu deinem Tode.« Es leuchtet mir auch ein, daß ich an jedem Tag meine innere Freiheit trainieren muß, um sie auch an jedem Tag verwirklichen zu können. Zumal ich die Absicht habe, mir von Jahr zu Jahr ein kleines Stück mehr an Freiheit abzuringen.

Was nun den Vorgang des Meditierens selbst betrifft, so besteht er im Prinzip darin, friedlich dazusitzen, in sich hineinzulauschen und seine Gedanken treiben zu lassen. Wobei Sie ein Hilfsmittel benützen, um Ihre Gedanken beruhigend zu lenken. Verschiedene Möglichkeiten stehen Ihnen dafür offen. Sie sollten alle ausprobieren und sich jene aussuchen, die Ihnen am besten zusagt.

Hier vier verschiedene Möglichkeiten zu meditieren:

1. Das Meditieren mit einem Wort
Suchen Sie sich ein Wort, das Ihnen angenehm ist und das Sie beruhigt, wenn Sie es aussprechen oder wenn Sie daran denken. Es sollte keinen gezielten oder provokanten Sinn haben. Viel wichtiger ist die beruhigende Wirkung, die allein von seinem Klang oder der Vorstellung seines Klanges ausgeht.

Probieren Sie geduldig so viele Worte aus, bis Sie eines ge-

funden haben, das diese Voraussetzungen erfüllt. Dann setzen Sie sich hin, entspannen sich und sprechen das Wort genießerisch aus. Wiederholen Sie es, bis dieser Vorgang einen harmonischen Rhythmus ergibt.
Spielen Sie mit Ihrem Wort. Werden Sie leiser, flüstern Sie es, bis Sie es sich nur mehr vorstellen. Überlassen Sie sich dem Wort und dem Rhythmus, wie Sie es sich vorsagen. Versuchen Sie nicht, es in eine Form zu zwingen. Experimentieren Sie mit Ihrem Wort, ungezwungen und so, daß Sie Spaß daran haben.
Wenn Sie mit jemandem über Ihre Versuche reden, lassen Sie sich nicht davon verunsichern, daß er Ihnen vielleicht erklärt, Sie machten dies oder jenes falsch. Folgen Sie Ihren eigenen Erfahrungen. Der einzige Maßstab Ihres Vorgehens sollten Sie selbst sein und das gute Gefühl, das Sie dabei haben.
Versuchen Sie, anfangs zehn Minuten lang zu meditieren, später zwanzig oder dreißig Minuten. Wenn die Zeit vorbei ist, springen Sie nicht gleich auf. Strecken Sie sich, klatschen Sie in die Hände oder reiben Sie die Handflächen oder das Gesicht.

2. *Das Meditieren mit der Atmung*

Eine andere Methode ist das Meditieren mit Hilfe der Atmung. Sie sitzen dabei bequem und entspannt und verfolgen Ihre Atmung. Das raschere Einatmen und das längere, gedehnte Ausatmen.
Sie folgen dem Atem, wie er sich in das Sonnengeflecht unterhalb des Nabels senkt und dann wieder den Körper verläßt. Es wird Ihnen dabei helfen, wenn Sie vorerst die Atemzüge zählen, zuerst nur das Einatmen, dann nur das Ausatmen, bis der Vorgang ganz automatisch funktioniert und Sie das Zählen nicht mehr brauchen.
Wenn während dieses Vorgangs Alltagsgedanken auftau-

chen, empfinden Sie sie nicht als störend. Lassen Sie sie vielmehr vorbeiziehen. Zwanglos und absichtslos.
Nach zehn, zwanzig oder dreißig Minuten führen Sie sich selbst allmählich wieder zurück in den Alltag. Sie selbst werden spüren, wie das stattfinden kann. Indem Sie kräftig ausatmen oder sich strecken oder noch ein paar Minuten auf und ab gehen.

3. Das Meditieren mit einem Blickfang

Dazu brauchen Sie einen Gegenstand, den Sie anschauen, und der die gleiche Wirkung haben sollte wie das erwähnte »Wort«. Er soll Sie beruhigen, Sie sollten sich an ihm erfreuen können.

Stellen Sie diesen Gegenstand etwa einen Meter entfernt vor sich auf und blicken Sie ohne jede Anstrengung darauf. Ohne jede Anstrengung bedeutet: Zwingen Sie sich nicht, ihn zu deutlich zu sehen oder bestimmte Vorstellungen damit zu verbinden. Konzentrieren Sie sich ohne Anstrengung, bis zwischen Ihnen und dem Gegenstand – es kann eine Pflanze, eine Vase oder ein Stein sein – eine Art innerer Verbindung entsteht. Versuchen Sie nicht, darüber nachzudenken oder irgend etwas zu deuten. Akzeptieren Sie, was auch geschieht.

Wenn Sie sich etwa zehn Sekunden lang in den Gegenstand vertieft haben, wenden Sie Ihren Blick für einige Sekunden einem anderen Punkt vor sich zu, der sich weiter entfernt befindet. Dann kehren Sie zurück, vertiefen sich wieder in den ersten Gegenstand. Und so weiter, ungefähr fünf bis zehn Minuten lang. Dann beenden Sie Ihre Meditation in der schon erwähnten Art.

4. Die Meditation in der Bewegung

Diese Methode kann darin bestehen, daß Sie auf einem Sessel oder einem Polster auf dem Boden sitzen, die Hände im

Schoß aneinandergelegt, und Ihren Oberkörper kaum merklich pendeln lassen. Von rechts nach links oder vor und zurück, wie immer es Ihnen am besten behagt.
Es kann durchaus sein, daß sich dabei bald eine gewisse Übereinstimmung der Bewegung mit Ihrer Atmung von selbst ergibt und Sie in den Rhythmus von Atmung und Bewegung »hineinfallen«.
Es kann auch sein, daß Sie eines Tages eine völlig andere Form der Bewegungsmeditation entdecken. Ich selbst begegnete vor längerer Zeit einem begeisterten Jogger, der mit dem täglichen Laufen weniger sportliche Erfolge erringen, sondern damit ein natürliches Bedürfnis nach rhythmischer Bewegung befriedigen wollte.
Dieser Mann erzählte mir, daß er manchmal, auf einsamen Waldwegen etwa, alles um sich herum völlig vergesse und im Rhythmus seines Laufes und seiner Atmung völlig aufgehe und dabei ein großartiges Gefühl der Freiheit empfinde. Ich sagte: »Sie meditieren also?« Er sah mich aber nur erstaunt an und wunderte sich: »Meditieren? Davon habe ich nicht die geringste Ahnung.«
Damit erfüllte er zweifellos eine der wichtigsten Voraussetzungen der meditativen Selbstbefreiung: Es war völlig absichtslos. Er erwartete nichts, er wollte nichts Besonderes. Er lief einfach, bis sich von selbst ein tiefes Gefühl des Freiseins einstellte.

Das also über Techniken und Möglichkeiten der Meditation. Was daran für manche von uns schwierig erscheint, ist nicht die Technik selbst, sondern unsere Einstellung zur Meditation. Wir können uns nicht vorstellen, daß aus dem scheinbaren Nichtstun, aus dem Nichtwollen etwas für uns so Wichtiges wie Freiheit oder Glück entstehen kann.
Mehr darüber erfahren Sie als nächsten Schritt im Studium der Kunst, ohne Angst zu leben.

Fünfte Zusammenfassung, ehe Sie weiterlesen

Wir alle jagen ein Leben lang einer unbestimmten Freiheit nach. Tausenderlei Pläne und Hoffnungen, Abenteuer und Ausbrüche aus dem Alltag sollen uns ans Ziel bringen. In Wahrheit sind sie nichts weiter als Ersatzhandlungen.
Wer die Freiheit sucht, kann sie nur in sich selbst finden. Eine Technik dazu ist so einfach, daß jeder sie in wenigen Minuten verstehen und lernen kann. Sie heißt Meditation.
Niemand sollte sich durch dieses Wort abschrecken lassen. Es erfordert nichts, wozu wir einen anderen brauchten, um es täglich ausüben zu können – keine Sekte, keine Religion, kein Kloster.
Meditation ist Selbsterfahrung. Deshalb sollten wir uns dabei nie fragen: »Ist das, wie ich es mache, auch korrekt?« Oder: »Ich spüre nichts, mache ich vielleicht etwas falsch?« Oder: »In mir kehrt keine Ruhe ein, mir schießen tausend dumme Gedanken durch den Kopf.«
Betrachten Sie alles, was sich von selbst ergibt, als einen ganz natürlichen Bestandteil der Meditation. Der andere Teil ist das Bemühen, diese Gedanken an uns vorbeiziehen zu lassen und uns dem Atem oder einem Wort, einem Rhythmus oder dem Eindruck hinzugeben, den ein Gegenstand auf uns macht.
Hinzugeben heißt, mit uns geschehen lassen, was geschieht. Die kleine Welt, die unser eingelerntes Denken kennt, auf-

zugeben und in eine größere, vielleicht unendliche Dimension des Empfindens vorzudringen. Ein Abenteuer der Befreiung zu erleben, das jede Bemühung wert ist.

Setzen Sie sich am besten gleich jetzt in eine stille Ecke, suchen Sie sich die für Sie richtige Technik und probieren Sie sie aus.

Der sechste Schritt

Der sechste Schritt beim Erlernen der Kunst, ohne Angst zu leben, ist die Auseinandersetzung mit der Einsamkeit und den Möglichkeiten, sie zu bewältigen.

Drei praktische Techniken werden empfohlen, das Alleinsein einzuüben: Teilentspannung, Aufschreiben unserer guten Seiten und das Einlegen der richtigen »Gedankenkassette«.

Warum die Flucht vor der Einsamkeit nichts anderes ist als eine Flucht vor sich selbst

»Mein lieber Junge, du kannst hingehen, wohin du willst. Im Grunde genommen bist du überall mit dir allein.« Diesen Ausspruch werde ich sicherlich mein ganzes Leben nicht vergessen. Er stammt von einem Knecht auf dem Bauernhof meines Großvaters, wo ich als Kind den Großteil meiner Ferien verbrachte. Die meiste Zeit davon war ich mit dem etwa 60 Jahre alten Knecht bei Waldarbeiten unterwegs.
Oft saßen wir auch beisammen, brieten Kartoffeln im offenen Feuer, manchmal auch Maiskolben, und unterhielten uns. Ich war dabei immer viel gesprächiger als mein Begleiter, der mir stundenlang geduldig zuhören konnte. Ich erzählte von der Stadt, aus der ich kam, von den Kinos, der Straßenbahn, der Schule und anderen Dingen, die er noch nie in seinem Leben gesehen hatte.
Einmal lud ich ihn ein, uns doch einmal zu besuchen, um sich das alles anzusehen. Da blickte er mich lächelnd an und sagte diese zwei Sätze: »Mein lieber Junge, du kannst hingehen, wohin du willst. Im Grunde genommen bist du überall mit dir allein.«
Natürlich verstand ich damals mit meinen zwölf, dreizehn Jahren überhaupt nicht, was der Knecht meines Großvaters damit meinte. Was er sagte, war sicherlich nicht das Ergebnis intellektueller Spekulation. Es war ganz einfach die Lebensweisheit eines Sechzigjährigen, der die meiste Zeit seines Lebens mit sich allein verbracht hatte.

Die Einsamkeit hatte für ihn ganz offensichtlich nichts Gefährliches an sich. Ganz im Gegenteil, sie schien ihm Sicherheit zu geben. Er hatte in allen diesen Jahren harter Landarbeit gelernt, selbstgenügsam zu sein und fühlte sich dadurch keineswegs benachteiligt.

Heute ist mir längst klar geworden, daß dieser Mann mit dem zerknitterten Gesicht und den abgetragenen Kleidern, der in einem Verschlag neben der Futterkammer über dem warmen Kuhstall schlief, einer der wenigen Menschen war, denen ich begegnet bin, die keine Angst vor der Einsamkeit hatten.

Es mag schon sein, daß manch einer jetzt sagt: »Ich bin auch ganz gerne allein.« Oder: »Ich habe gar keine Zeit dafür, mich einsam zu fühlen.« Aber all das sind nur gefällige Floskeln, mit denen man ein Problem abtun möchte, das uns alle betrifft.

Tatsächlich sind wir alle einen Großteil unserer Zeit auf der Flucht vor dem Alleinsein. Ob wir uns in die Arbeit flüchten oder in hektische Alltagsverpflichtungen, in die Ehe, das Vergnügen oder den Urlaub irgendwo weit weg – im Grunde genommen möchten wir damit vor uns weglaufen.

Warum ist das so?

Die Antwort ist leicht zu geben: Je lauter das Leben um uns herum wird, um so größer wird unsere Sehnsucht nach der Stille. Aber wir haben es längst verlernt, aus der Stille Kraft zu schöpfen.

Wir alle sind Meister der Ablenkung vor den unangenehmen Realitäten des Lebens geworden. Statt uns mit uns selbst auseinanderzusetzen, wälzen wir die Verantwortung für uns und unser tägliches Glück auf andere ab.

Wir können mit uns nicht mehr kommunizieren. Wir mögen uns nicht mehr. Um uns überhaupt beschäftigen zu können, brauchen wir andere, die uns sagen, was wir denken, tun und glauben sollen.

Kein Wunder, daß in dieser Atmosphäre, wo jeder hilflos mit sich selbst umgeht, die Einsamkeitsindustrie zur ergiebigsten Einnahmequelle unserer Zeit geworden ist. Fernsehen, Rundfunk, Zeitschriften und Sport gehören genauso dazu wie die neue Eßkultur, das gesellschaftliche Leben und die Schönheits- und Verjüngungsindustrie. Nichts ist uns ausgefallen genug, alles benützen wir dazu, um vor uns selbst davonzulaufen.
Aber so weit wir auch laufen, soviel Geld wir auch dafür ausgeben – uns selbst entkommen wir nirgendwo.
Es gibt vermutlich nur einen einzigen Weg, diese Angst vor dem Alleinsein zu bewältigen: Der Weg zurück zu uns selbst. Erst wenn wir keine Angst mehr vor uns haben, brauchen wir auch das Alleinsein nicht mehr zu fürchten, und die ständige Flucht verliert ihren Sinn. Was uns daran hindert, zu uns selbst zurückzufinden, sind vorwiegend fünf Faktoren:
Erstens: Wir erwarten Liebe und Verständnis vorwiegend von anderen Menschen, statt sie uns selbst zu geben.
Zweitens: Wir trauen anderen Leuten mehr als uns selbst.
Drittens: Wir zweifeln ständig daran, daß wir unser Leben selbst am besten bewältigen können und liefern uns lieber der Willkür unserer Mitwelt aus.
Viertens: Wir haben verlernt, mit uns selbst zu kommunizieren und suchen die Antworten auf die wichtigen Fragen unseres Lebens lieber anderswo, statt in uns selbst.
Fünftens: Wir nehmen uns nicht genügend Zeit, um das glückliche Alleinsein einzuüben. Wenn sich unsere Wünsche nicht sofort erfüllen, werfen wir ohne einen zweiten Versuch gleich die Flinte ins Korn und suchen wehleidig nach Ablenkung für unsere Enttäuschung.
Schon der erste Punkt dieser Aufzählung wird bei manchem Leser vermutlich auf Widerstand stoßen. Selbstliebe, werden Sie fragen, wie ist das zu verstehen? Schließlich wurden

wir ein Leben lang zu Nächstenliebe und Gemeinschaftssinn erzogen. Man hat uns gesagt: Sich für andere aufzuopfern, ist bewundernswert, Egoist zu sein, ist schlecht. Oder: Geben ist besser als nehmen. Oder: Liebe deinen Nächsten mehr als dich selbst. Und: Wo kämen wir hin, wenn jeder nur an sich selbst dächte?

Wenn die Menschen in den vergangenen Jahrhunderten die Maximen der Menschenliebe wirklich befolgt hätten, wären wir alle heute eine große glückliche Familie. Wir sind es nicht. Also muß bei der Verwirklichung dieser herrlichen Idee der Verbrüderung irgend etwas schiefgelaufen sein. Entweder waren ihre Prediger nicht überzeugend genug, oder der Mensch ist nicht für eine Welt voll von Liebenden gemacht.

Eines jedenfalls können wir alle mit eigenen Augen sehen: Je gescheiter wir werden und je enger die Menschen durch Technik und Fortschritt zusammenrücken, um so einsamer fühlen sie sich in der dichtgedrängten Masse.

Müßte nicht jeder von uns aus eigener Erfahrung wissen, wie sehr wir uns der Mitwelt ausliefern, wenn wir von ihr eine dauerhafte Alternative für die Angst vor dem Alleinsein erwarten? Ihr Angebot wird immer nur in der Sackgasse enden: Je mehr uns geholfen wird, um so größer wird unsere Abhängigkeit von den Helfern.

In dieser Erkenntnis liegt der Ansatzpunkt für eine neue Einstellung zur Angst vor der Einsamkeit: Wir müssen in uns selbst die Voraussetzungen schaffen, nicht mehr einsam zu sein, wenn wir allein gelassen werden. Wir müssen Liebe in uns finden, auch wenn uns niemand liebt.

Wer deshalb das große Hindernis auf der Suche nach sich selbst aus dem Wege räumen möchte, sollte jetzt und ohne Zögern die endgültige Entscheidung fällen: »Ich warte nicht mehr darauf, bis mich andere lieben, sondern fange damit an, mich selbst besser zu mögen. Denn je besser das Verhältnis zu mir selbst ist, um so weniger bin ich auf den Zufall und das Wohlwollen anderer angewiesen.«

Wenn wir erst einmal damit angefangen haben, diese Entscheidung in die Realität unseres täglichen Lebens umzusetzen, ergeht es uns wahrscheinlich bald so, wie es uns sehr oft mit anderen Menschen passiert: Anfangs konnten wir jemanden nicht ausstehen, aber je näher wir ihn kennenlernten, um so besser mochten wir ihn.

Auch wenn man uns ein Leben lang die Nächstenliebe gepredigt hat, die nüchterne Erfahrung muß uns zeigen, daß sie uns zu Sklaven macht, wenn wir nicht gelernt haben, uns selbst zu lieben und bewußte Egoisten zu sein.

Solche Sätze mögen ernüchternd klingen. Aber erst kürzlich las ich folgende Strophe in einem Band von Gedichten eines längst verstorbenen chinesischen Weisen: »Ich liebe mich, denn ich bin die Welt, die Welt liebt mich, denn sie ist in mir.«

Zugegeben, diese Zeile klingt viel eleganter als jeder meiner Sätze zum Thema Liebe. Aber ist die Erkenntnis nicht die gleiche? Eine Erkenntnis, zu der jeder gelangen kann, der das Leben betrachtet, wie es ist, und nicht, wie andere möchten, daß wir es sehen.

Wie man das Alleinsein einübt und die guten Seiten an sich entdeckt

Wenn wir erst einmal beschlossen haben, mit uns selbst Frieden zu schließen, sollten wir als nächsten Schritt lernen, mit uns selbst zu kommunizieren, und zwar sollten wir uns um ein Vielfaches mehr mit uns selbst auseinandersetzen als mit der Mitwelt.
Als ich mit 20 Jahren meine journalistische Laufbahn als Lokalreporter begann, war eine der ersten Lehren, die mir mein damaliger Chef erteilte, diese: »Bevor Sie eine Geschichte verfassen, müssen Sie zehnmal mehr Informationen besitzen, als Sie verwenden können. Die Qualität der Auswahl aus Ihren Informationen bestimmt über die Qualität Ihrer Geschichte.«
Gilt das nicht auch für unseren Umgang im täglichen Leben? Wir sollten eine Entscheidung mit uns selbst abgeklärt haben, ehe wir sie fällen. Oder eine andere Variation dieser Regel: Wir sollten zehn Lösungsmöglichkeiten für ein Problem durchdacht haben, ehe wir uns darüber mit anderen auseinandersetzen.
So sollten wir uns verhalten. Was aber tun wir? Voll Ungeduld reden wir über Dinge, von denen wir nicht die geringste Ahnung haben. Wichtigtuerisch und immer darauf bedacht, alles besser und schneller zu wissen als andere, reden wir drauflos. Oft merken wir schon während des Sprechens, daß unsere Behauptungen gar nicht stimmen können. Also müssen wir noch mehr reden, noch schlauer argumen-

tieren, um unsere voreiligen Äußerungen schnell wieder auszubessern.
Wir versuchen, mit Quantität an Kommunikation die fehlende Qualität zu ersetzen. In diese Sackgasse geraten wir aber einzig und allein deshalb, weil wir nicht genug mit uns selbst kommunizieren, ehe wir mit der Umwelt kommunizieren. Statt zuerst in uns hineinzuhorchen, suchen wir hastig bei anderen Zustimmung, Rat oder Trost. Schon allein diese Gewohnheit ist ein augenscheinlicher Beweis für unsere Angst vor dem Alleinsein mit uns selbst.
Wer also den ersten wichtigen Schritt unternehmen will, sich selbst als seinen wichtigsten Gesprächspartner aufzubauen, braucht vielleicht einige Hinweise auf verwendbare Methoden. Denn viele Interessenten an der Kunst, ohne Angst zu leben, werden zwar sagen: »Ich möchte gerne mit mir ins reine kommen, um selbstsicherer zu werden«, aber sie fragen auch: »Wie fängt man denn das an?« Hier sind drei Vorschläge:

- Machen Sie »Teilentspannung«.
- Schreiben Sie Ihre guten Seiten auf.
- Legen Sie die richtige »Kassette« ein.

Auf den folgenden Seiten finden Sie eine detaillierte Beschreibung dieser drei Methoden im Umgang mit sich selbst, von denen in diesem Buch schon mehrmals die Rede war.

1. Machen Sie »Teilentspannung«, ehe Sie flüchten
Wie Sie wissen, hilft Ihnen diese Technik, sich einen Abstand zur Alltagswelt zu schaffen. Wenn Sie also dazu neigen, hektisch alles nur Mögliche zu tun, nur um sich selbst auszuweichen, dann:

- Heben Sie die Schultern hoch, schließen die Augen und atmen ganz ruhig ein.
- Halten Sie den Atem kurz an und lassen Sie die Arme locker hängen.

- Lassen Sie die Schultern locker fallen, atmen Sie aus und denken Sie dabei entschlossen: »Ich bin ganz ruhig und frei. Ich laufe nicht vor mir davon, sondern entdecke meine guten Seiten.«

Diese Initiative, die nur ein paar Sekunden dauert, ist ein erstes Bekenntnis zu sich selbst. Sie haben sich herausgerissen aus der Neigung zur Flucht mit der selbstverachtenden Entschuldigung: »Ich bin ja immer so in Eile.«

Ein paar Sekunden lang haben Sie sich immerhin jetzt schon für sich Zeit genommen. Kein anderer profitiert davon als Sie allein. Sicherlich werden Sie sich jetzt ruhiger und entspannter fühlen. Sie haben sich bewiesen, wie einfach es ist, sich mit einer kleinen Technik selbst zu lenken.

Nützen Sie die positive Stimmung für den nächsten Schritt.

2. Schreiben Sie eine Ihrer guten Seiten auf

Nehmen Sie jetzt Papier und Bleistift und schreiben Sie, ohne lange nachzudenken, den Satz: »Hier ist eine meiner guten Seiten, die mir Selbstvertrauen gibt.«

Kümmern Sie sich nicht darum, wenn es ein bißchen lächerlich wirkt, falls Sie auch noch aufschreiben: »Eine meiner besten Seiten ist, daß ich jetzt diese Zeilen schreibe.« Oder: »Eine meiner guten Seiten ist, daß ich zu trinken aufhöre, ehe ich betrunken bin.« Oder: »Eine meiner guten Seiten ist, daß ich heute einmal nein gesagt habe, statt aus Gefälligkeit ja zu sagen.«

Eines sollten Sie beachten: Betrachten Sie als gute Seite nur das, was Ihnen selbst nützt. Ihre Freunde oder Ihre Frau mögen es an Ihnen als eine gute Seite loben, daß Sie großzügig sind, aber für Sie selbst kann es eine Schwäche sein, wenn Sie sich aus lauter Großzügigkeit für andere in Schulden und Abhängigkeiten stürzen.

Diese kleine Schreibübung wird Ihnen zeigen, daß Sie nicht nur Schwächen haben und ein Versager sind. Warten Sie,

bis Sie ein gutes Dutzend Ihrer guten Seiten aufgeschrieben haben. Dann wird es Zeit, sich hinzusetzen und sich bewußt zu werden, daß Sie jetzt in der Kunst, ohne Angst zu leben, ein gutes Stück weitergekommen sind.
Ob Sie mit dieser Technik weitermachen oder nicht: Unterbrechen Sie dieses tägliche Ritual nicht, ehe Sie es nicht vierzehn Tage lang ausprobiert haben.

3. Legen Sie die richtige »Kassette« ein

Vielleicht erinnern Sie sich noch an die Geschichte mit den »Kassetten«, die in unserem Vorstellungsarchiv gespeichert sind, an die Nörglerkassetten und an die Ermunterungskassetten. Jetzt, wenn Sie eine Ihrer guten Seiten zu Papier gebracht haben, sollten Sie zumindest bewußt verhindern, daß die positive Wirkung dieses Vorgangs wieder zunichte gemacht wird.
Oft zerstören wir die anhaltende Wirkung unserer erfreulichsten Taten. Wir schaffen etwas, das uns Freude macht – aber schon kurz darauf läuft die Angstkassette ab: »Habe ich das wirklich richtig gemacht? Hätte ich nicht rücksichtsvoller sein müssen? Was werden denn die anderen dazu sagen?«
Holen Sie statt dessen die Kassette mit dem Selbstbekenntnis aus dem Archiv, die Ihnen sagt: »Ich weiß schon, daß ich nicht nur gute Seiten habe. Aber das ist ein Grund mehr, mich an jeder einzelnen davon zu erfreuen. Vielleicht habe ich mein Problem auf Kosten anderer gelöst, aber jeder gewinnt einmal im täglichen manipulativen Spiel. Diesmal war es eben ich.«
Teilentspannung, Aufschreiben und Vertiefung des Bekenntnisses zu sich selbst – alles in fünf oder zehn oder dreißig Minuten täglich. Glauben Sie nicht, daß es auf diese Weise Spaß macht, einige Zeit mit sich allein zu verbringen und die Angst vor sich selbst und der Einsamkeit allmählich abzulegen?

Warum es wichtig ist, sich mit seinen zwei »Ich« ein wenig näher zu beschäftigen

Einsam zu sein bedeutet, mit sich selbst nichts anfangen können. Nichts mit sich anfangen zu können heißt wiederum, daß wir keine praktischen Ansatzpunkte kennen, an denen wir die Auseinandersetzung mit uns selbst beginnen könnten.

Drei solcher Ansatzpunkte haben wir kennengelernt:
- Durch Teilentspannung aussteigen aus dem Kreislauf der Flucht nach außen.
- Durch Aufschreiben unserer guten Seiten die Beschäftigung mit uns selbst vertiefen.
- Indem wir bewußt unsere Gedanken auf »Ermutigung« einstellen, statt auf »Zweifel«, können wir die positive Einstellung erhalten.

Hier ist nun ein vierter Hinweis, der uns dabei hilft, die Vorgänge zu verstehen und zu beeinflussen, die für die Beziehung zu uns selbst verantwortlich sind: ein Hinweis auf unseren Umgang mit den beiden »Ich«.

Wir gehen davon aus, daß unser gesamtes Verhalten von zwei Faktoren in uns bestimmt wird:
1. Vom denkenden, planenden, entscheidenden Ich.
2. Vom Macher-Ich.

Vom Einklang dieser beiden »Ich« miteinander hängt es in hohem Maße ab, wie wir eine Aufgabe bewältigen und Ängste überwinden, ob wir vor dem Alleinsein weglaufen oder es zur Selbstfindung nützen.

Nehmen wir an, Sie haben die Entscheidung gefällt, täglich fünfzehn Minuten bewußt allein zu verbringen und sich mit sich selbst zu beschäftigen. Ihr Ziel ist es, sich zu entspannen, vom Alltag zu befreien und zur Ruhe zu kommen. Als Technik, die Ihnen dazu verhelfen soll, haben Sie die »Meditation mit der Atmung« gewählt.

Sie setzen sich in einen Raum, in dem Sie ungestört sind, und nehmen sich vor: »Ich meditiere jetzt. Ich bin ganz entspannt und konzentriere mich auf die Atmung. Ich versuche, an nichts zu denken, und lasse alle störenden Gedanken, die trotzdem kommen, an mir vorbeiziehen.«

Das ist die Anweisung Ihres Entscheidungs-Ich, die Ihr Macher-Ich befolgt. Es weiß, wie Sie sich setzen und entspannen können und regelt auch sonst alle Erfordernisse, die zur Bewältigung des täglichen Lebens und zum Glücklichsein notwendig sind.

Das Macher-Ich ist so etwas wie der natürliche Überlebensinstinkt. Es sorgt dafür, das Sie beim Autofahren auf ein unerwartet auftauchendes Hindernis schneller reagieren, als Sie es bewußt tun könnten.

Im Leben gibt es ungezählte Situationen, die dieses Instinkt-Ich klaglos bewältigt. Oft vollbringen wir auf diese Weise erstaunliche Leistungen, die uns nie gelungen wären, wenn wir auch nur ein paar Minuten darüber nachgedacht hätten. Wie überhaupt viele der natürlichen Fähigkeiten des instinktiven Macher-Ich durch zu vieles Nachdenken zunichte gemacht werden.

So kenne ich beispielsweise einen außergewöhnlich begabten jungen Fußballspieler, der schon als kleiner Junge ein erstaunliches Gefühl für den Umgang mit dem Ball und für das Stellungsspiel hatte. Aus unerklärlichen Gründen stand er einfach immer dort, wo der Ball von seinen Mannschaftskollegen hingespielt wurde.

Wenn man ihn fragte, wie er das mache, hob er immer nur

die Schultern und meinte, er könne es sich auch nicht erklären. Um es in das Prinzip von den zwei Ich zu übersetzen: Sein Macher-Ich spürte und reagierte völlig selbständig, ohne jede Beeinflussung durch das Denker-Ich. So muß es auch sein. Denn im Fußballspiel entscheiden Sekundenbruchteile über Erfolg oder Mißerfolg einer Aktion.
Wer im Augenblick der Konfrontation völlig frei von störenden Einflüssen seiner Gedanken handeln kann, hat die größten Chancen auf Erfolg. Wer auch nur denkt: »Soll ich den Ball mit dem linken oder dem rechten Fuß übernehmen?«, stört den Ablauf der natürlichen Reaktion und wird vermutlich die Situation nicht meistern.
Wenn Sie jemals beim Fußball auf Sportplätzen oder im Fernsehen zusehen, werden Sie in einem einzigen Spiel diese beiden Variationen hundertfach beobachten können:
- Wie die einen Tore schießen, indem sie ihr Macher-Ich instinktiv reagieren lassen.
- Wie andere Spieler zögern und zweifeln und dabei oft den Ball an schneller reagierende Gegner verlieren.

Lassen Sie mich hier diese wichtige Schlußfolgerung noch einmal betonen: Wenn das Denker-Ich sich einschaltet, obwohl das Macher-Ich instinktiv reagieren sollte, verhindert es meistens das Gelingen einer Aktion. Dies liegt nicht zuletzt daran, daß das Denker-Ich in solchen Situationen zu einem Zweifler- und Nörgler-Ich wird.
Wenn wir also zurückkehren zu Ihnen, der Sie ruhig in einem Zimmer sitzen und versuchen, sich auf Ihr Atmen zu konzentrieren und die störenden Gedanken vorbeiziehen zu lassen, so bedeutet dies folgendes:
- Ihr Denker-Ich hat den Auftrag erteilt, und das Macher-Ich führt ihn aus. Sie verfolgen den Atem, wie er in Ihrem Körper bis zum Nabel strömt und wieder zurück nach außen dringt. Sie passen sich instinktiv dem wohltuenden Rhythmus der Atmung an.

- Da aber tauchen Ihre gewohnten Alltagsgedanken auf. Ihnen fällt vielleicht ein, daß die Kartoffeln, die Sie gestern beim Händler gekauft haben, nicht so schön waren wie sonst und daß Sie sich das eigentlich nicht gefallen lassen sollten. Schließlich sind Sie ein guter Kunde.
- Sofort meldet sich jetzt Ihr Denker-Ich und unterbricht die vom Macher-Ich herbeigeführte Harmonie zwischen Atmung, Körper, Geist und Rhythmus. Es fängt an zu nörgeln: »Du sollst doch solche blöden Gedanken nicht zulassen. Laß Sie vorbeiziehen, verdammt noch mal. Nicht daran haften bleiben, sonst schaffst du es nie.«
- Das Denker-Ich hat also das Macher-Ich aus dem instinktiven Konzept gebracht, und sehr oft setzt es seinen störenden Einfluß weiter fort, indem es über die augenblickliche Situation allgemeine Nörglerbotschaften aussendet wie: »Wozu machst du denn diesen ganzen Quatsch. Du schaffst es ja doch nie. Kein Mensch ist schließlich imstande, nichts zu denken. Wir leben schließlich davon, daß wir denken, das ist doch klar.«

Sie sind also in eine ähnliche Situation geraten wie ein denkender Fußballer. Das Denken hat die Handlungsfähigkeit Ihres natürlichen Macherinstinktes zunichte gemacht.

Wie es weitergeht, hängt davon ab, ob Sie imstande sind, jedes der beiden »Ich« in jene Position zurückzubringen, in der es das Beste für Sie tun kann. Drei Komponenten sind dafür ausschlaggebend:

Erstens: Vertrauen Sie Ihrem Macher-Ich

Als Ergebnis unserer Erziehung überschätzen wir die Bedeutung des Intellekts und des Denkens. Was wir nicht »verstehen« können, das, so meinen wir oft, gibt es nicht. Man hat uns eingeschärft, wir müßten unsere Gefühle unterdrücken und der Instinkt sollte ständig vom Denken kontrolliert werden.

Darin besteht der hauptsächliche Grund, daß unser Denken, angehäuft mit den Tabus, Verboten und Geboten des gesellschaftlichen Normverhaltens, so viele unserer instinktiven Bedürfnisse unterdrückt.
Kaum möchten wir auf natürliche Weise reagieren, hält uns das Denker-Ich zurück und bringt Tausende von Wenn und Aber hervor. Schließlich verleitet es uns dann oft zu einem schwachen Kompromiß. Wir tun wohl, was wir tun wollten, aber ohne die Kraft der Spontaneität. Wir tun es denkgebremst.

Zweitens: Weisen wir dem Denker-Ich seine Grenzen zu
Das instinktive Handeln zu fördern heißt keinesfalls, daß wir das Denken verhindern sollten. Ganz im Gegenteil. Der vorhin erwähnte Fußballspieler sollte keinesfalls sagen: Ich denke nicht darüber nach, wie ich richtig spielen sollte. Ich verlasse mich ausschließlich darauf, daß mein Instinkt in jeder Situation das Richtige macht.

- Er sollte über die Technik und Taktik seines Sports nachdenken und versuchen, die Zusammenhänge immer besser zu verstehen. Er wird beispielsweise überlegen, welche Fähigkeiten und körperlichen Voraussetzungen er stärken muß, um bestimmte Voraussetzungen besser nützen zu können.
- Er sollte die sportliche Betätigung in seine gesamten Lebensvorstellungen, in seine Pläne, Zukunftsträume und täglichen Erfordernisse einordnen und eine Art Organisationsplan erstellen.
- Er sollte bewußt die Vorgänge analysieren, die für das Spiel und bestimmte Spielsituationen erforderlich sind.

All das ist die Aufgabe des Denker-Ich. Seine Funktion ist es, Erfahrungen aufzuarbeiten, Schlußfolgerungen zu ziehen und die Kreativität zu lenken. Zu lenken! Aber nicht zu nörgeln, zu unterdrücken und zu stören.

Wenn der Plan erst einmal erstellt und die Entscheidung gefallen ist, dann sollte dem Macher-Ich die Vollstreckung überlassen bleiben. Was dies so oft verhindert, ist das fehlende Vertrauen in unsere natürliche Handlungsfähigkeit. Wir trauen diesem anderen, dem Macher-Ich, nichts zu und meinen, es ständig bevormunden, beschimpfen und anzweifeln zu müssen.

Kein Wunder, daß dadurch die Fähigkeit dieses Teiles unserer Persönlichkeit immer mehr verkümmert. Der Zweifler und Nörgler in uns erlangt das Übergewicht, die Harmonie zwischen den beiden »Ich« ist gestört. Sich-nichts-Zutrauen und An-sich-Zweifeln aber führt unweigerlich zur ständigen Angst, wir könnten versagen, zu einer Angst, die unser Selbstbewußtsein mindert und uns zur Flucht vor der Konfrontation mit uns selbst verleitet.

Mit solchen Zusammenhängen und Abläufen sollten wir uns vertraut machen, um dadurch das Entstehen unserer Ängste besser zu verstehen. Um es abschließend noch einmal zu sagen: Eine Disharmonie unserer beiden »Ich« ist die Ursache ungezählter Zweifel und versäumter Gelegenheiten, aus denen Ängste entstehen. Deshalb sollten wir das Denker-Ich in seiner Funktion begrenzen und dem Macher-Ich mehr Freiraum zum instinktiven Handeln lassen.

Sechste Zusammenfassung, ehe Sie weiterlesen

Die Angst davor, allein zu sein, das hektische Bedürfnis, unter Leute zu gehen und uns ständig zu beschäftigen, ist nichts anderes als eine Flucht vor uns selbst.
Die Ursache dafür ist, daß wir uns nicht regelmäßig die Zeit nehmen, uns mit uns selbst anzufreunden. Statt unser Selbstbewußtsein zu stärken, nörgeln wir an uns herum. Statt das instinktive Macher-Ich *machen* zu lassen, hemmen wir es.
Vier Möglichkeiten gibt es, die Kommunikation mit sich zu aktivieren und als Alternative zur Flucht in den Trubel aufzubauen:
1. Teilentspannung.
2. Aufschreiben Ihrer guten Seiten.
3. Einlegen der richtigen »Kassette« als Anregung zu positivem Denken.
4. Die bewußte Herstellung der Harmonie zwischen Denker-Ich und Macher-Ich.

Wer sich diese Anregungen zunutze macht, braucht keine Angst vor dem Alleinsein mehr zu haben. Sein Selbstbewußtsein wächst. Er braucht fortan nicht mehr vor sich davonzulaufen.

Der siebente Schritt

Im siebenten Schritt beim Studium der Kunst, ohne Angst zu leben, geht es um die Wahrheit – und um das, was wir für die Wahrheit halten, weil man es uns lange genug eingeredet hat.

Vorweg kann gesagt werden: Wenn die Angst unser Leben entscheidend mitbestimmt, dann gehören die »Wahrheiten« zu den größten Angstmachern.

Wie wir uns von den Wahrheiten der anderen befreien und unsere eigene Wahrheit finden können, davon handelt dieses Kapitel.

Warum wir uns nicht einreden lassen sollten, daß es nur eine einzige Wahrheit gibt

Wahrheit, wie auch die Ehrlichkeit, gehört zu jenen Begriffen in unserer Gesellschaft, denen wir uns nahezu kritiklos unterwerfen. Die Wahrheit ist das Gegenteil von Lüge, und keiner wagt, daran zu zweifeln, daß Lügen zu den verwerflichsten Eigenschaften zählt, obwohl es privilegierte Menschen gibt, für die das Lügen oder die bewußte Verschleierung der Wahrheit zum selbstverständlichen Repertoire des Umgangs mit anderen gehört. So dürfen Ärzte, unter dem Vorwand der Rücksichtnahme auf den Betroffenen, Patienten belügen, wenn sie beispielsweise an ihnen eine tödliche Erkrankung festgestellt haben.
Eltern finden auch nichts dabei, ihre Kinder hinters Licht zu führen. Aber selbstverständlich bestraft man ein Kind, wenn man es bei einer Lüge ertappt.
Der Nimbus des Begriffs »Wahrheit« kann sich vermutlich bis heute nur deshalb behaupten, weil wir selbst uns zu wenig eindringlich fragen, was die Wahrheit für uns ganz persönlich bedeutet. Ist die Wahrheit der Wissenschaft, die Wahrheit der Religion oder der Gesellschaft auch meine Wahrheit? Kann das, was manche Leute kraft ihrer Autorität als einzige Wahrheit deklarieren, auch die meine sein?
Ist sie sinnvoll? Nützt sie mir oder dient sie nur dazu, mir angst zu machen? Denn die uns verkündeten Wahrheiten gehören seit jeher zu den raffiniertesten Instrumenten der Massenmanipulation.

Die Formel ihrer Anwendung ist einfach. Nehmen wir folgendes an:
- Jemand möchte eine Gruppe von Menschen mit einem ganz bestimmten Ziel manipulieren – ein Politiker beispielsweise seine Gefolgschaft.
- Um dieses Ziel verwirklichen zu können, muß er diese Menschen auf »seine Wahrheit« einschwören. Er braucht etwas, dem sich alle willig unterwerfen und unter dessen Schutz er ihnen alles einreden kann, was er für die Verwirklichung seiner Ziele braucht.
- Im Prinzip sind Inhalt oder tatsächlicher Sinn einer solchen »Wahrheit« unerheblich. Wichtig allein ist, daß die Betroffenen sie glauben. Glaubhaftigkeit wird auf einfache Weise dadurch bewirkt, daß man jemandem etwas verspricht, was er gerne glauben möchte.
- Wer also »seine Wahrheit« mit der erforderlichen Glaubhaftigkeit versieht und sie anderen Leuten lange und eindringlich genug einredet, wird sie bald zu treuen, leicht manipulierbaren Dienern seiner Interessen gemacht haben. Die wahrheitshörige Gefolgschaft ist fortan bereit, für ihn zu streiten, sich aufzuopfern, sich selbst zu verleugnen und sogar Verbrechen zu begehen.

Wenn Ihnen diese Behauptung übertrieben erscheint, brauchen Sie sich nur umzusehen. Gurus und Sektenführer leben im Reichtum, den ihre Anhänger für sie erbettelt oder erarbeitet haben. Funktionäre erniedrigen Mitmenschen unter dem Schutz von »Wahrheiten«, die zu Vorschriften oder Gesetzen erhoben wurden.

Sehen Sie sich auch die treuen Anhänger von Parteien, Politikern oder Ideologien an. Viele von ihnen lassen sich einsperren und sogar töten. Sie leiden bereitwillig für ihre »Wahrheit« und deren Verkünder.

Die Wahrheit hat so viele Gesichter, wie es Wahrheitsverkünder gibt, und sie alle sind dazu angetan, uns angst zu

machen. Denn: Wer sich einmal einer »Wahrheit« unterordnet, kann so lange damit erpreßt werden, wie er bedingungslos an sie glaubt. Jeder Verstoß dagegen wird mit Schuldgefühlen geahndet und mit der Angst, dieser »Wahrheit« nicht gerecht werden zu können.
So widersprüchlich es auch klingen mag, aber ganz falsch wird es nicht sein, was mir vor vielen Jahren einmal ein bekannter Wiener Rechtsanwalt sagte: »Die Wahrheit, mein lieber Freund, birgt die Verlogenheit in sich.«
Ich war damals Reporter einer Tageszeitung und hatte gelegentlich auch aus Gerichtssälen zu berichten. An einen Prozeß erinnere ich mich noch besonders gut. Es ging dabei um einen Mann, für den wir Journalisten die Bezeichnung »Der Blaubart von Schrems« gebrauchten, nach der Stadt, in der die Tat geschah, deren er beschuldigt wurde.
Der Angeklagte war ohne Zweifel eine zwielichtige Gestalt. Einige Frauen, mit denen er im Laufe der Jahre zusammengelebt hatte, waren auf seltsame Weise verschwunden, aber man hatte ihm nie eine Schuld nachweisen können. Bis schließlich eine ältere reiche Dame starb, mit der er seit einiger Zeit verheiratet gewesen war.
Die Art ihres Todes war höchst verdächtig. Sie lag zusammengeschnürt in ihrem Bett, und ihr Mann behauptete vor Gericht, er hätte seine Frau keineswegs vorsätzlich getötet, es hätte sich vielmehr um einen »Sexualunfall« gehandelt.
Tatsächlich gibt es in der medizinischen Literatur Beschreibungen sexueller Praktiken, wie man durch Verschnürungen des Körpers zum Orgasmus kommen kann. Im Hause des Ehepaares wurden medizinische Bücher gefunden, in denen solche Techniken bis in alle Einzelheiten beschrieben waren. Obwohl der Angeklagte und sein Rechtsanwalt bei Gericht immer wieder auf diese entlastenden Zusammenhänge hinwiesen, glaubte man ihnen nicht.
Der Prozeß fand in einem kleinen Provinzstädtchen statt,

mit biederen Herren hinter dem Richtertisch und soliden Kleinbürgern, Frauen, Geschäftsleuten und Bauern als Geschworenen.
Zwei Tatsachen waren bemerkenswert:
- Sachverständige gaben nach wochenlangen Untersuchungen dem Gericht bekannt, ein Sexualunfall sei, wie es so schön in der ausweichenden Amtssprache heißt, »nicht mit Sicherheit auszuschließen«.
- Aus dem Verlauf des Prozesses ging keineswegs eindeutig hervor, daß der Angeklagte seine Frau ermordet hatte, um – wie man ihm vorwarf – sie zu beerben.

Nun, er beerbte sie nicht, sondern wurde zu lebenslangem Gefängnis verurteilt, wo er einige Jahre später starb. Der sogenannte Wahrspruch der Geschworenen hatte gelautet: einstimmig schuldig.
Ich nahm mir damals die Mühe, nach Ende des Prozesses mit einigen der Geschworenen zu sprechen, um zu erfahren, wie sie zu diesem Wahrspruch gekommen waren. Ihre Antworten lauteten fast wörtlich übereinstimmend: »Er muß es doch gewesen sein, das sieht man ihm schon von weitem an. Der ist ja zu allem fähig.«
Zugegeben, mir war dieser kleine, kahlköpfige Bursche mit seiner vor Erregung schrillen Stimme keineswegs sympathisch. Auch ich traute ihm jede Art von Gaunerei zu. Aber was hatte das mit der Wahrheit in einem Rechtssystem zu tun, in dem ein Grundsatz lautet, daß vor Gericht im Zweifelsfalle für den Angeklagten entschieden werden muß?
Das also war die Wahrheit, um derentwillen man einen Menschen lebenslang ins Gefängnis schickte:
- Das Gericht konnte nie zweifelsfrei nachweisen, daß er seine Frau vorsätzlich getötet hatte.
- Die Geschworenen urteilten nicht nach erwiesenen Wahrheiten, sondern unter dem Deckmantel ihrer ge-

wichtigen Funktion mit der Begründung: »Dieser Mann ist doch zu allem fähig.«
- Der Richter antwortete mir auf die Frage, was er dazu zu sagen habe, mit dem bemerkenswerten Satz: »Die Geschworen haben entschieden, mich dürfen Sie dafür nicht verantwortlich machen.«

Unter dem Deckmantel der Wahrheitsinstitution Gericht fanden es offensichtlich alle Beteiligten für richtig, ihre Gefühle und Voreingenommenheiten als Wahrheit auszugeben. Außer dem erwähnten Rechtsanwalt, der zu dem Schluß gekommen war, daß die sogenannte Wahrheit die Verlogenheit bereits in sich berge.

Gerade in diesen Tagen, in denen ich diese Zeilen schreibe, geht im Südpazifik der eigenartigste Krieg der vergangenen Jahre zu Ende, der Krieg um die Falkland-Inseln zwischen Großbritannien und Argentinien. Sicherlich werden Sie sich noch daran erinnern.

Ein paar Wochen lang wurden auf beiden Seiten die Wahrheiten um diesen unsinnigen Konflikt verkündet, und hier wie dort führten sie zu Triumph, Erniedrigung und Haß. Zur gleichen Zeit las ich folgende Sätze des vor über 2000 Jahren in Griechenland herumreisenden Philosophen Protagoras von Abdera: »Dem Frierenden ist der Wind kalt, dem Nichtfrierenden nicht. Demnach ist Wissen Wahrnehmung, und es gibt nur eine subjektive Meinung, aber keine objektive Wahrheit.«

Ob Gerichte oder Machthaber, ob die Werbung im Fernsehen, die uns nur die schöne Wahrheit über ein Produkt verkünden, ob Ärzte, Wissenschaftler, Politiker oder Technokraten – sie alle bieten uns nur ihre eigenen Wahrheiten an. Wer sich ihnen willig unterordnet, wird die Angst nie los, ihnen nicht gerecht werden zu können.

Tatsächlich sind Wahrheiten dazu da, uns Respekt und Angst einzujagen. Wer Angst hat, ist leicht zu manipulieren.

Wie uns die anderen ihre Wahrheiten einreden, um uns für ihre Ziele gefügig zu machen

Menschen, die nicht an sich selbst glauben können, suchen anderswo ein Glaubensbekenntnis, um sich daran festzuhalten. Glaubensbekenntnisse verkünden Wahrheiten, nach denen wir uns richten sollen, um das ersehnte Seelenheil zu erlangen.
Ist es nicht ein erstaunlicher Umweg, auf dem diese Menschen ihr tägliches Glück erlangen wollen? Und was erhalten sie dafür? Sie werden eingeschüchtert und verängstigt. Ständig sind sie Vorwürfen ausgesetzt, wenn sie gegen die Wahrheit verstoßen haben.
Wenn uns die Maßstäbe, die wir bei anderen Menschen suchen, nichts als Angst und Schuldbewußtsein bescheren, warum gehen wir dann nicht daran, unsere eigenen Wahrheiten zu finden und danach zu leben? Das würde unter anderem bedeuten:

- Sich das zum Prinzip zu machen, was in erster Linie uns nützt, nicht den anderen.
- Sein Leben daran zu orientieren, was unseren eigenen Möglichkeiten entspricht, statt ständig Zielen nachzueifern, die andere ganz bewußt viel zu hoch stecken, damit wir sie nie erreichen können. Auf diese Weise fühlen wir uns immer minderwertig und von den großen Wahrheitsverkündern abhängig.
- Wir beurteilen unser Handeln selbst und brauchen so die Kritik anderer nicht zu fürchten. Denn wer nach sei-

nen eigenen Wahrheiten lebt, kann sich schließlich selbst am allerbesten daran messen.
- Das Leben nach eigenen Wahrheiten wird uns dazu ermutigen, mehr an uns zu glauben.

Wie also, werden Sie jetzt vermutlich fragen, kann ich meine eigene Wahrheit finden? Die Antwort lautet: Indem Sie innehalten und sich selbst erkennen. Das ist die Voraussetzung dafür, den Glauben an uns selbst zu finden und selbstbewußt sein zu können.

Der Grund, warum so viele Menschen eher an andere und deren Wahrheit glauben als an sich selbst, ist oft sehr einfach: Sie sind zu bequem, um ihre Wahrheiten zu finden.

An andere zu glauben enthebt uns scheinbar nicht nur der Mühe der eindringlichen Beschäftigung mit uns selbst. Es ermöglicht uns auch immer die Ausrede: Es ist nicht meine Sache, also bin ich auch nicht dafür verantwortlich. Nichts aber hindert uns so sehr daran, unser Leben vollkommen zu leben, als ein halbherziges Bekenntnis zu dem, was wir sind und tun.

Wir möchten unser eigenes Leben führen, aber wir nehmen uns nicht die Mühe, uns selbst und unseren Weg zu finden. Wir möchten mit uns selbst zufrieden sein, aber wir überlassen es anderen, uns zufriedenzustellen. Wir wollen alles besitzen und auf nichts verzichten, weil wir nicht erkennen, was für uns wirklich wichtig und was überflüssig ist.

Zusammenfassend kann gesagt werden: Ein Leben nach eigenen Wahrheiten zu führen bedeutet, uns selbst und unseren ganz persönlichen Weg zu erkennen und uns dazu auch zu bekennen, anstatt unsere Lebensvorstellungen ständig in Frage zu stellen.

Die Formel des Lebens nach der eigenen Wahrheit lautet: Was für mich und nach den mir entsprechenden Vorstellungen richtig ist, das ist meine Wahrheit. Dazu bekenne ich mich.

Die Wahrheiten, die andere für uns finden, sind nichts anderes als erstarrte Normen, denen wir uns unterordnen sollen, gleichgültig, ob sie unseren wahren Bedürfnissen gerecht werden oder nicht. Nach den eigenen Wahrheiten müssen wir ein Leben lang immer wieder neu suchen. Sie können sich von heute auf morgen ändern, weil wir morgen mehr Erkenntnisse über uns besitzen werden als heute.

Auf diese Weise sind unsere Wahrheiten das Ergebnis der Erfahrungen unseres Lebens bis zum heutigen Tag. Die Wahrheiten der anderen werden jedoch noch immer als Wahrheiten deklariert, auch wenn die Realität sie schon längst überholt hat.

So bleibt in unserer Zeit der Empfängnisverhütung und der Antibabypille für die katholische Kirche noch immer die einzige gültige Wahrheit, daß Gott und nicht wir bestimmen, ob ein Kind gezeugt wird oder nicht. Kein Wunder, daß diese Diskrepanz zwischen Wahrheit und Realität diese Kirche für viele Menschen unglaubhaft macht.

Eine Erkenntnis, aus der wir folgendes lernen können:

- Unser Leben soll den eigenen Wahrheiten und der Realität entsprechen, mit der wir täglich konfrontiert werden.
- Wir müssen so lange und so gründlich nach unseren eigenen Wahrheiten suchen, bis wir ein für uns glaubhaftes Ergebnis gefunden haben und uns sagen können: Jetzt weiß ich, wer ich tatsächlich bin und wie ich leben möchte. Das ist dann unsere Wahrheit, an die wir glauben, zu der wir uns bekennen können und für die es sich lohnt, jedes Opfer zu bringen. Wir bringen es für uns selbst und nicht für andere.

Das alles mag für jemanden, der nach praktischen Lösungen sucht, ein wenig zu philosophisch klingen. Mancher Leser wird vielleicht fragen: Schön und gut, ich möchte ja meine eigene Wahrheit finden und danach leben, aber wie fange ich das an?

Sie können es in zwei Phasen versuchen, die im nächsten Abschnitt näher beschrieben werden:

1. Machen Sie sich auf die Suche nach sich selbst und schreiben Sie Ihr eigenes »Lebensbuch«.
2. Bekennen Sie sich zu sich, indem Sie in kleinen täglichen Schritten lernen, Sie selbst zu sein.

Elf nützliche Anregungen, wie man sein persönliches
»Lebensbuch« schreiben kann

Erinnern wir uns am Beginn dieses Abschnitts noch einmal an die Vorteile, Ziele und Vorstellungen aufzuschreiben:
- Es zwingt uns, Gedankengänge zu Ende zu denken und zu konkretisieren. Wenn wir nur gedanklich versuchen, ein Problem zu lösen, verlieren wir uns oft in Nebensächlichkeiten.
- Seine Vorstellungen aufzuschreiben kann ein Vorgang dynamischer Befreiung sein. Viele Menschen machen immer wieder die Erfahrung: Nachdem sie belastende Geheimnisse einem Tagebuch anvertraut oder ihre Sorgen in einem Brief niedergeschrieben haben, fühlen sie sich deutlich erleichtert.
- Eine Überlegung schwarz auf weiß zu entwickeln, wobei wir das Geschriebene immer wieder nachlesen können, erleichtert die Klärung von Zusammenhängen.
- Aufgeschriebene Vorsätze sind unbestechliche Kontrollinstanzen unserer Handlungen. Sie erinnern uns in Phasen der Schwäche an das Ziel.

Seltsamerweise verstehen wir alle, daß Parteien ihre Programme schriftlich formulieren und nahezu alle Religionen ihre Maximen und Verhaltensregeln bis ins kleinste Detail in Büchern für alle Zeiten festgelegt haben. Wir erkennen den Einfluß der Zehn Gebote an und begreifen, daß beispielsweise die Regeln für das Fußballspiel niedergeschrieben werden müssen.

Welche Rückschlüsse aber ziehen wir einzelne für unser eigenes Leben aus solchen Feststellungen? Wir greifen hilfesuchend immer nur nach dem, was andere für uns vorgedacht und vor-geschrieben haben, für uns und Tausende oder Millionen anderer Menschen. Es stört uns scheinbar nicht, daß wir uns an festgelegte Verhaltensregeln klammern, die auf unsere persönliche Einmaligkeit nicht die geringste Rücksicht nehmen. Aber sie sind wenigstens konkret formuliert und für jedermann verständlich. Eine Fähigkeit, die wir uns selbst offenbar nicht zutrauen.

Wenn beispielsweise eine dieser Maximen lautet: »Du sollst nicht töten«, dann ist das eine klare Wahrheit, an der es keine Zweifel zu geben scheint. Wer aber hilft uns aus der persönlichen Not von Schuldgefühl und Zweifel, wenn wir trotzdem einmal getötet haben?

Da steht auch, für alle Welt eindeutig festgehalten: »Du darfst nicht lügen.« Wie aber werden wir damit fertig, daß wir täglich irgend jemanden belügen, weil wir uns damit das Leben erleichtern können? Indem wir die allgemeine Wahrheit für uns ein bißchen zurechtbiegen. Aber wir fühlen uns dabei immer schuldig. Es ist diese Art von Schuldgefühl, deren Summe die Ängste ausmachen, unter deren Einfluß die meisten von uns ein ganzes Leben lang ihr wirkliches Ich verleugnen.

Wer deshalb in der Kunst, ohne Angst zu leben, entscheidende Fortschritte erzielen möchte, kommt nicht umhin, seine eigenen Wahrheiten zu suchen und schriftlich für sich festzuhalten.

Die Form, die er dafür wählt, sollte seinen ganz persönlichen Möglichkeiten entsprechen. Hier finden Sie elf Anregungen, die meiner eigenen Erfahrung und den Versuchen in Gruppenseminaren bei der Erstellung eines persönlichen »Lebensbuches« entsprechen.

Erste Anregung:
Schreiben Sie Ihre Vorstellungen von Ihrem Leben ohne Wenn und Aber auf.
Es ist Ihr Leben, das Sie hier schriftlich entwerfen, wie ein Architekt ein Haus entwirft. Wer und was auch immer Sie sein mögen, in Ihrem »Lebensbuch« sollten Sie selbst sich als Mittelpunkt und Hauptperson betrachten. Über Ihre Ziele sind Sie niemandem Rechenschaft schuldig, nur sich.
Lassen Sie sich deshalb beim Aufschreiben Ihrer Vorstellungen durch nichts einschränken. Lassen Sie Ihren Träumen und Wünschen freien Lauf. Denken Sie endlich einmal unbekümmert zu Ende, was Sie so oft schon im Ansatz resignierend wieder verworfen haben mit Formeln wie: »Was ich da erreichen möchte, ist reine Utopie, das schaffe ich sowieso nie.« Oder: »Das könnte ich nie verwirklichen.« Oder: »Was würden denn da die anderen sagen?«
Schreiben Sie also hemmungslos auf, wie Sie sich und Ihr Leben in den Jahren vorstellen, die Ihnen noch zur Verfügung stehen. Träumen Sie Ihre Träume zu Ende. Entwerfen Sie unbekümmert Ihr ideales Leben auf dem Papier Ihres »Lebensbuches«.

Zweite Anregung:
Verwechseln Sie nicht das Ziel mit dem Weg.
Manche Menschen leben immer nur so, wie die anderen es zulassen. Und wissen Sie warum? Weil sie ihre Ziele nur so hoch stecken, wie es der Umwelt genehm zu sein scheint. Ihr Motto lautet: Nur bei niemandem anecken und nichts tun, was mich unbeliebt machen könnte.
Wer sich dieser massiven Verhaltensangst nicht weiter unterwerfen will, muß lernen, seine Vorstellungen höherzuschrauben. Er darf vor allem dabei das Ziel nicht mit dem Weg verwechseln. Denn viele von uns haben ihre Vorstellungen noch kaum zu Ende gedacht, da schaltet sich schon

ihr Nörgler-Ich ein und zählt abschreckend alle Schwierigkeiten auf, die sich bei der Verwirklichung möglicherweise ergeben könnten. So wird unser Selbstbewußtsein vorzeitig geschwächt. Oft geben wir dann eine Sache auf, ehe wir sie richtig begonnen haben.
Die Festlegung der Ziele und die Überwindung der Hindernisse, die sich der Verwirklichung entgegenstellen werden, sind zweierlei. Wir sollten eines nach dem anderen in Angriff nehmen und Planung und Verwirklichung nicht miteinander vermischen.

Dritte Anregung:
Wenn Sie darangehen, Ihr Leben zu planen, sollten Sie es umfassend tun.
Wir leben in einer Zeit der Spezialisierung. Für unsere seelischen Probleme gibt es Psychiater, für unsere Ehesorgen gibt es Eheberater. Selbst unsere Zähne werden nicht mehr ganz einfach von einem Zahnarzt repariert, manche Arbeiten darf nur ein Kieferchirurg durchführen. Es gibt eigene Kliniken, in denen nur Erkrankungen des Darmausgangs behandelt werden, und vielleicht gehören auch Sie zu jenen armen Teufeln, die schon tage- und wochenlang von einem medizinischen Spezialisten zum anderen geschickt wurden, und keiner konnte Ihnen sagen, was Ihnen wirklich fehlt.
Medizin und Wissenschaft sind in den vergangenen Jahrzehnten zu einer Milliardenindustrie geworden. Aber sie sind durch ihre Spezialisierung nicht imstande, den ganzen Menschen umfassend zu betrachten, vor allem nicht die Zusammenhänge zwischen Körper und Geist, die Einflüsse unserer persönlichen Probleme auf die Gesundheit. Sie können uns nicht helfen, unsere wirklichen Bedürfnisse zu erfüllen. Im Gegenteil.
Sicher ist, daß alle diese aufgezählten Komponenten unseres Lebens – und noch einige mehr – unsere Persönlichkeit

und unser Leben ausmachen. Sicher ist auch, daß es niemanden gibt, der uns umfassend helfen könnte oder möchte, alle diese Komponenten untereinander in harmonischen Einklang zu bringen.

Wer sich dabei auf andere verläßt, muß sein Leben in ständigem Bangen verbringen, ob er irgendwann einmal irgend jemanden findet, der ihm bei der Lösung seiner tatsächlichen Probleme hilft, oder nicht.

Wer die Kunst, ohne Angst zu leben, nicht nur studieren, sondern praktizieren will, muß sein Verständnis für die Gesamtheit seiner persönlichen Lebenserscheinungen erwekken, vervollkommnen und ständig üben.

In der Folge finden Sie Hinweise auf eine Sieben-Punkte-Lebensplanungsformel, die sich bei vielen Teilnehmern von Seminaren bewährt hat.

Vierte Anregung:
Wenn Sie damit beginnen, sich in Ihrem »Lebensbuch« umfassend mit Ihren Wünschen und Zielen, Bedürfnissen, Möglichkeiten und Techniken auseinanderzusetzen, sollten Sie es in folgender Ordnung tun:

- Finden Sie zuerst einmal heraus, welche Vorstellungen Sie persönlich für einen bestimmten Lebensbereich haben, und schreiben Sie Ihre Erkenntnisse darüber möglichst detailliert auf.
- Bekennen Sie sich zu dieser für Sie ganz persönlichen Wahrheit. Es soll ein Bekenntnis sein, das Sie sicher macht. Gleichgültig, wer Sie darin verunsichern will – lassen Sie keine Zweifel zu. Aus diesem Selbstbekenntnis entwickelt sich jenes Selbstvertrauen, das Unsicherheit und Ängste ganz von selbst allmählich verdrängt.
- Planen Sie die Verwirklichung der »Wahrheit« in kleinen Schritten. Je größer das Ziel und Ihre Erfolgserwartungen sind und je kürzer die Zeit ist, die Sie sich zur

Verwirklichung geben, um so größer ist die Gefahr, daß Sie versagen. Schließlich machen Sie Ihren Lebensplan nicht für die nächsten zwei Tage oder Monate, sondern für den Rest Ihres Lebens. Sie haben also Zeit.
- Schließlich sollten Sie erkennen, daß die Verwirklichung der Ziele in Ihrem »Lebensbuch« täglicher Übung bedarf. An jedem einzelnen Tag sollten Sie sich bemühen, selbstbewußt so zu leben, wie Sie es möchten, und Ihr Handeln mit den aufgeschriebenen Vorstellungen vergleichen.

Vielleicht sagen Sie jetzt: So kompliziert habe ich mir ein glückliches Leben nicht vorgestellt. Wenn Sie die Dinge so sehen, liegt es vermutlich daran, daß Sie sich bisher zu wenig mit sich selbst beschäftigt haben.

Fünfte Anregung:
Erster Lebensbereich: Wie möchte ich als Persönlichkeit sein?
Schreiben Sie auf, wie Sie sich Ihrer Umwelt gegenüber verhalten möchten. Legen Sie schriftlich die Grenzen Ihrer Vorstellungen nach unten und nach oben fest.
Vielleicht kommen Sie dabei zu dem Schluß: »Ich möchte mich mehr in der Umwelt entfalten, aber ich hatte bisher Angst, selbstbewußt aufzutreten, in Diskussionen selbstsicher meine Meinung zu sagen.«
Wenn das der Fall sein sollte, überlegen Sie als nächstes: Wie kann ich zu diesem Selbstbewußtsein kommen? Etwa, indem Sie die »Angstkassette« in Ihrem Denken mit der »Positivkassette« vertauschen und sich immer wieder vorstellen, wie Sie in einer Gesprächsrunde aufstehen und gelassen und bestimmt in zehn Sätzen sagen, was Sie sagen wollen.
Üben Sie immer wieder in Ihren Gedanken ein, wie Sie sich verhalten wollen.

Und: Zweifeln Sie nicht im geringsten daran, daß Sie es auch schaffen werden.

Sechste Anregung:
Zweiter Lebensbereich: Was kann ich täglich tun, um meinen Körper vorbeugend gesund zu erhalten? Was kann ich tun, wenn ich krank werde?
Erstaunlicherweise gibt es ein halbes Dutzend ganz einfache Maßnahmen, die wir für unsere Gesundheit befolgen können. Nichts davon garantiert uns, daß wir deshalb nicht trotzdem krank werden. Andererseits aber gibt es Fachleute, die meinen, gerade diese einfachen Aktivitäten können sogar Krebserkrankungen verhindern.
Hier sind einige dieser Maßnahmen:
- Täglich ausreichend Bewegung in der frischen Luft.
- Genügend Schlaf.
- Möglichst wenig Gifte wie Nikotin, Kaffee oder ein Übermaß an Medikamenten.
- Bewußte Ernährung.

Immer mehr Menschen entdecken die Möglichkeiten der richtigen Vorbeugung von Krankheiten und der einfachen Selbstbehandlung bei Erkrankungen. Sie entdecken Tee und Kneippsche Wasseranwendungen, Akupressur oder Mittel aus Großmutters Gesundheitswissen, wie Einläufe bei Stuhlverstopfung oder beginnender Grippe.
Für all das sollten Sie sich selbst interessieren, wenn Sie das Kapitel »Körper, Gesundheit, Krankheit« für Ihr »Lebensbuch« erarbeiten. Mit Sicherheit kann gesagt werden: Je mehr Sie sich darüber informieren, um so größer wird der Spaß, den Sie dabei haben, selbst etwas für sich zu tun.
Vor allem aber: Je mehr Sie selbst für sich tun und je weniger Sie das anderen überlassen, um so stärker wird Ihr Selbstbewußtsein und um so geringer werden Ihre Ängste.

Siebente Anregung:
Dritter Lebensbereich: Wie definieren Sie Geld, Besitz und Sicherheit?
Ich kenne fast ausschließlich Menschen, die ihren Besitz danach bestimmen, wieviel Geld sie besitzen. Je mehr Geld sie verdienen, um so teurer wird auch das Auto, das sie sich kaufen.
Vielleicht kommen Sie zu dem Schluß, daß es umgekehrt sein sollte: Ihre tatsächlichen Bedürfnisse sollten darüber bestimmen, wieviel Geld Sie zum Leben brauchen. So kann es durchaus sein, daß Sie das Geldverdienen – und die dadurch bewirkte Leistungsabhängigkeit – reduzieren, um mehr Zeit für das zu haben, was Sie wirklich tun möchten.

Achte Anregung:
Vierter Lebensbereich: Klären Sie, was Sex, Gefühle, Partnerschaft und Familie für Sie bedeuten.
Stellen Sie sich ganz einfache Fragen, wie: Lebe ich mit meinem Partner so, daß wir aus dieser Beziehung beide mehr gewinnen, als wenn wir allein geblieben wären? Fragen Sie sich auch: Bedeutet Sex für mich auch wirklich das, was ich praktiziere? Oder weiche ich der Erfüllung meiner tatsächlichen sexuellen Bedürfnisse und Wünsche aus? Aus Angst, ich könnte enttäuscht werden oder bei der Verwirklichung meiner Vorstellungen versagen?
Zu welchen Schlußfolgerungen Sie bei solchen Überlegungen auch kommen, schreiben Sie sie auf und beschäftigen Sie sich gründlich damit, den Weg der Verwirklichung zu planen und ihn in kleinen Schritten in die tägliche Praxis umzusetzen.
Sicher ist: Jeder kleine Erfolg bei der Erfüllung Ihrer neuen »Wahrheit« wird Ihnen ein wenig mehr Selbstwertgefühl vermitteln und Ihre Ängste vermindern.

Neunte Anregung:
Fünfter Lebensbereich: Überprüfen Sie Ihren Lebensstil und überdenken Sie ihn neu.

Viele Menschen kaufen sich nicht die Kleider, die wirklich zu ihnen passen, sondern solche, die man ihnen in Geschäften oder mit Werbebotschaften einredet. Sie richten sich auch ihre Wohnung nicht so ein, daß sie sich dort entspannen und wirklich wohl fühlen können.

Wenn Sie Ihren Lebensbereich mit der Absicht gestaltet haben, um damit Ihren Nachbarn und Freunden zu imponieren, mag Ihnen jede echte oder scheinheilige Äußerung der Bewunderung ein Glücksgefühl bereiten. Sie sollten sich dann aber auch die Frage stellen: Wie oft bekomme ich solche Anerkennung, aber wie lange muß ich ohne sie in einer Wohnung leben, die für andere eingerichtet ist und nicht für mich?

Zehnte Anregung:
Sechster Lebensbereich: Ich brauche Anerkennung, und ein Erfolgserlebnis ist für mich genauso wichtig wie mein Essen. Woher bekomme ich sie? Ausschließlich durch Laune und Gunst anderer oder tue ich selbst alles mir Mögliche, um sie mir zu verschaffen?

Elfte Anregung:
Siebenter Lebensbereich: Nütze ich meine ganze Phantasie und Kreativität zur Gestaltung meines Lebens? Oder verwende ich sie nur zum Vorteil anderer?

Vielleicht kommen Sie bei den Überlegungen dieses Punktes zu dem Schluß, daß Sie täglich regelmäßig wenigstens zehn Minuten über die Frage nachdenken sollten: »Wie kann ich mir mein Leben morgen schöner machen als heute?« Oder: »Was könnte ich morgen tun, was ich mich mein ganzes Leben lang nicht zu tun getraut habe?«

Diese elf Anregungen sollen für den Leser nicht mehr sein als oberflächliche Impulse für eine Vertiefung seiner Beschäftigung mit sich selbst, wobei der wichtigste Faktor dieser Vertiefung das Aufschreiben der Vorstellungen und Ziele in einem »Lebensbuch« ist.

Dies kann formlos geschehen oder streng geordnet. Wie immer Sie dieses Vorhaben auch verwirklichen, tun Sie es und begnügen Sie sich nicht damit zu sagen: Nächste Woche fange ich ganz bestimmt damit an.

*Wie wir unser Selbstbekenntnis in vielen täglichen
Handlungen vertiefen können*

Wenn Selbsterkenntnis und schriftliches Planen unseres Lebens der erste wichtige Schritt als Alternative zu unseren Ängsten sind, dann ist das Selbstbekenntnis der zweite.
Wir sollten dabei »Selbstbekenntnis« nicht als etwas Abstraktes sehen, sondern als tägliches praktisches Einüben unserer Lebensvorstellungen. Bekenntnis zu uns selbst ist nicht, wenn wir Freunden beweisen, was für großartige Typen wir sind. Selbstbekenntnis ist vielmehr, wenn wir in allen unseren scheinbar kleinen Handlungen des Tages das tun, was wir selbst wirklich tun möchten.
Als Junge träumte ich abends vor dem Einschlafen oft mit offenen Augen davon, einen Ertrinkenden aus dem Fluß zu retten, um als Held gefeiert zu werden. Es war ein Bekenntnis, wie wir es uns alle aus der Pubertät für den Rest unseres Lebens herübergerettet haben, gleichgültig, womit wir heute Anerkennung finden wollen.
Mein kindliches Bekenntnis war die Anpassung an die mir eingelernte Wahrheit: »Wer mutig ist und den Schwachen und Ertrinkenden hilft, ist ein Held und gut.« Ich war entschlossen, einem Ertrinkenden zu helfen, um auf diese Weise zu meiner Anerkennung zu gelangen. Bis heute allerdings kam ich noch nie in die Situation, auf diese Weise zu Ruhm zu gelangen. Glücklicherweise wurde mir nämlich rechtzeitig klar, daß es nicht die großen dramatischen Taten sind, die uns Anerkennung verschaffen. Es sind die kleinen Din-

ge, die wir selbst planen, die wir selbst verwirklichen und für die wir selbst uns loben können.

Am Ende dieses Vorgangs steht die Erkenntnis: Das habe ich für mich getan. Ich habe es selbst getan, weil es dem entspricht, was ich tun wollte.

Wovor sollte ein Mensch, der das von sich sagen kann, Angst haben? Er braucht die Kritik nach den Maßstäben der anderen nicht zu fürchten, weil er nach eigenen Wahrheiten handelt. Er braucht keine Schuldgefühle aufzubauen, weil er niemandem etwas schuldig ist, niemandem außer sich selbst.

Hier finden Sie wieder einige Hinweise für das Selbstbekenntnis in den erwähnten, scheinbar unbedeutenden Handlungen unseres Alltags:

1. Essen Sie, was Sie essen wollen, und nicht, was man Ihnen vorsetzt. Und essen Sie, wenn Sie Hunger haben, und nicht, wenn andere Ihnen Zeit dafür lassen.
2. Reden Sie nicht, um sich zu rechtfertigen. Wenn Sie selbst die Maßstäbe Ihres Handelns bestimmen und danach handeln, sind Sie nicht anderen Leuten, sondern sich selbst darüber Rechenschaft schuldig. Nur die Angst, andere Leute könnten Sie falsch sehen oder beurteilen, bringt uns meistens dazu, unser Handeln vor anderen zu rechtfertigen.
3. Fahren Sie mit Ihrem Auto so, wie Sie selbst zu diesem Zeitpunkt gerade fahren möchten. Und nicht, wie die anderen es zulassen. Es kann kein Zweifel darüber bestehen, daß jemand, der sich durch ein schneller fahrendes Auto zur Erhöhung seines eigenen Tempos provozieren läßt, selbst nicht weiß, was für ihn gerade richtig ist.

Wer es allerdings beim Autofahren nicht weiß, wird auch in vielen anderen Lebensbereichen das tun, wozu andere ihn provozieren, statt nach eigenen Maßstäben zu leben.

Es mag nur eine Utopie sein, die ich selbst mir oft ausmale,

wenn ich mein Leben mit den Vorstellungen in meinem eigenen »Lebensbuch« vergleiche: Ich möchte, so denke ich mir, mich in jedem Augenblick meines Lebens so verhalten, wie es mir, den Umständen und dem Augenblick entspricht. Manchmal formuliere ich es auch so: Ich möchte in jedem Augenblick meines Lebens mit mir und der Umwelt in vollkommenem Einklang sein.
Denken Sie nicht, ich wäre der Verwirklichung dieses Traumes auch nur einigermaßen nahe, weil ich mich nun schon nahezu dreißig Jahre darum bemühe. Ich bin es nicht. Aber das stört mich nicht. In den zehn oder zwanzig Jahren, die ich vielleicht noch lebe, werde ich mit Sicherheit noch eine ganze Anzahl kleiner Schritte bei der Verwirklichung dieses Zieles machen.
Eines aber können Sie mir glauben: Aus jedem erlebten Selbstbekenntnis, und sei es auch nur das kleinste, hole ich das Maximum an Glück und Erfolgsgefühl heraus. Auch wenn es sich dabei um scheinbar so degoutante Dinge handelt wie meine Verdauung.
Viele Jahre lang gehörte der Besuch auf der Toilette zu den Dingen, die ich als unerfreuliche, lästige Unterbrechung der unendlich wichtigeren Dinge betrachtete, die ich gerade tat.. Wie viele andere scheinbar vielbeschäftigte Menschen hatte ich in dieser Zeit ständig Verdauungsprobleme. Mein Magen drückte nicht nur körperlich, sondern auch meine Stimmung. Oft hatte ich zwei, drei Tage lang keinen Stuhlgang. Eine Zeitlang nahm ich sogar täglich Abführmittel.
Um es kurz zu sagen: Ich bekannte mich nicht bewußt und konsequent genug zu einer der wichtigsten Funktionen meines Körpers, sondern ließ mich davon leiten, was mir von meiner Umwelt von Kindheit an eingeredet worden war: Die Verrichtung der Notdurft ist etwas Unangenehmes, das man rasch hinter sich bringt.
Aus genau dem gleichen Motiv verdrängen ungezählte

Menschen ihren Drang, auf die Toilette zu gehen. Wenn sie es dann tun, geschieht es voll Ungeduld und Hektik. Ich selbst befolge inzwischen schon längt diesen guten Rat erfahrener Freunde:

- Gehe sofort aufs Klo, wenn du einen ersten natürlichen Drang verspürst. Die Gesundheit deines Darms ist hundertmal wichtiger als die bedeutendste Besprechung oder Beschäftigung.
- Nimm dir Zeit und gib deinem Darm eine Chance, sich zu entleeren, statt ihm das Tempo deines hektischen Lebens aufzuzwingen.

Ich verstehe sehr gut, wenn Sie jetzt lächelnd feststellen: Die Art, wie ich meine Notdurft verrichte, soll mit meinem Selbstbekenntnis zu tun haben? Ich lächle schon lange nicht mehr darüber, weil ich weiß, daß unser Selbstbekenntnis sich genauso darin zeigt,

- wie wir einen Raum betreten,
- wie wir andere Menschen begrüßen,
- wie wir unseren Partner lieben,
- wie wir unsere Kinder behandeln,
- wie wir nein sagen, statt Zustimmung zu heucheln,
- wie wir schweigen,
- wie wir Geld ausgeben,
- und wie wir eine Blume in eine Vase stecken.

Das Bekenntnis zu uns selbst bedeutet nicht nur, daß wir unsere eigene Wahrheit kennen und uns dazu bekennen, es bedeutet, daß wir sie so sehr zu einem Teil unseres Handelns machen, daß wir gar nicht mehr daran zu denken brauchen.

Siebente Zusammenfassung, ehe Sie weiterlesen

Wer sich den Wahrheiten anderer Leute verschreibt, um darin Halt zu finden, darf sich nicht wundern, wenn er der Angst nie mehr entrinnen kann. Der Angst, diesen Wahrheiten nicht gerecht werden zu können.
Diese Wahrheiten sind für Millionen Menschen gemacht, und vorwiegend dafür, diese Millionen uninformiert besser manipulieren zu können.
Als ein Großteil von 90 Millionen Deutschen unentwegt: »Ein Volk, ein Reich, ein Führer!« rief, waren sie bereit, für diese Wahrheit ihr Leben zu lassen. Eine ganze Menge taten es auch. Es mag die Wahrheit eines Führers gewesen sein, der sie folgten, aber es konnte nicht die Wahrheit der Leute gewesen sein, die dafür starben und unermeßliche Opfer brachten.
Deshalb ist es ein entscheidender Schritt in der Kunst, ohne Angst zu leben, seine eigenen Wahrheiten zu finden, die Wahrheiten unseres persönlichen, einmaligen Ich.
Alle – der Staat, die Religionen, jeder Hundezüchterverein – formulieren die Regeln für das Wohlverhalten ihrer Mitglieder, und sie wissen genau, warum. Weil Geschriebenes schon allein deshalb als Wahrheit gilt, weil es jederzeit schwarz auf weiß nachzulesen ist.
Warum also sollten wir nicht diese Erfahrung für uns selbst benützen und unser eigenes »Lebensbuch« schreiben? Aufschreiben bedeutet:

- Bessere Ordnung unserer Gedanken und Ziele.
- Dynamische Befreiung belastender Einflüsse.
- Überblick über Zusammenhänge.
- Wir besitzen eine Kontrollinstanz, an der wir wenigstens einmal am Tage unser Verhalten messen können.

Sind das nicht gewichtige Gründe, sich seine ganz persönliche Bibel, sein »Lebensbuch« zu schreiben? Es ist für Sie und niemand anderen bestimmt. Also sollten Sie die Argumente: »Ich habe doch keine Übung im Schreiben«, oder »Ich kann nicht richtig formulieren« erst gar nicht gelten lassen. Wichtig ist es, überhaupt zu schreiben, die Form ist von geringer Bedeutung.

Und hier noch einmal die sieben Lebensbereiche als Anregung für den Aufbau Ihres Lebensbuches:

1. Ihre Persönlichkeit.
2. Ihr Körper, Gesundheit und Krankheit.
3. Geld, Besitz und Sicherheit
4. Sex, Gefühle, Partnerschaft und Familie.
5. Ihr Lebensstil und die Grenzen Ihrer wirklichen tatsächlichen Bedürfnisse.
6. Anerkennung und Erfolgserlebnis.
7. Phantasie und Kreativität.

Der achte Schritt

Der achte Schritt beim Studium der Kunst, ohne Angst zu leben, beschäftigt sich mit den Rollen, die wir im Leben spielen möchten, und jenen, die man uns spielen läßt.

Was sollen wir nicht alles sein: brave Ehefrauen, treue Ehemänner, fleißige Mitarbeiter, vorbildliche Eltern und gehorsame Parteigenossen. Wer versucht, allen diesen Erwartungen gerecht zu werden, wird niemals die Ängste los, er könnte den Anforderungen, die man an ihn stellt, nicht gerecht werden.

Auf den folgenden Seiten geht es darum, aus allen Rollen die einzig richtige herauszufinden und das manipulative Spiel des Lebens danach einzurichten.

Warum wir uns so sehr davor fürchten, die Rolle zu spielen, für die wir geschaffen sind

Ist es nicht seltsam, daß jeder von uns ein anderer sein möchte als der, der er tatsächlich ist? Wenn wir uns möglichst genau betrachten, verhält es sich damit sogar noch etwas komplizierter:

- Wir sind nicht mit uns zufrieden, wie wir sind.
- Wir versuchen so zu sein, wie wir glauben, daß es der Mitwelt imponiert.
- Weil wir das kaum jemals schaffen, lassen wir nichts unversucht, unsere Schwächen so gut es geht zu verbergen.
- Weil wir uns auf die Rolle, die wir im Leben spielen möchten, selbst nicht einigen können, versuchen wir es mit einer Vielzahl von Rollen. In der Firma sind wir anders als zu Hause, als Vorgesetzter nicht so wie als Untergebener und so weiter.

Und über allem schwebt drohend die permanente Angst, irgend jemand könnte uns durchschauen. Ganz abgesehen von der Angst der schonungslosen Selbsterkenntnis darüber, wer wir tatsächlich sind. Denn es besteht überhaupt kein Zweifel, daß so viele Menschen mit so viel Aufwand nur deshalb so hektisch leben, damit ihnen nur ja niemals die Zeit bleibt, sich selbst zu erkennen.

Die Angst davor, sich selbst so zu sehen, wie wir wirklich sind, führt – wie wir wissen – zu einer Vielfalt von Fluchtreaktionen. Wir versuchen in alle möglichen Rollen zu schlüpfen, nur um jene Rolle nicht spielen zu müssen, für die wir uns am besten eignen: die einmalige, genau auf uns zugeschnittene Rolle des eigenen Ich.

Erst kürzlich unterhielt ich mich mit einer Frau, die eine Woche zuvor von ihrem Mann geschieden worden war. Sie sagte: »Ich weiß, ich bin schuld daran, daß unsere Ehe kaputtgegangen ist. Er war ein so großzügiger, liebenswerter Mensch. Aber ich konnte einfach nicht anders, ich mußte ihn betrügen. Als er dahinterkam, war es die größte Kränkung seines Lebens, die er mir sicherlich niemals verzeihen konnte.«

Drei Sätze, die alles Verhängnis unseres Rollenspiels beinhalten. Versuchen wir, sie Punkt für Punkt zu analysieren:

- Die Frau gibt sich selbst die Schuld am Scheitern der Ehe, weil sie ihren Mann betrogen hat.

Dabei geht sie von der vorgegebenen Rolle einer Frau aus, die ihrem Mann für alle Zeiten treu sein muß. Warum soll es nicht möglich sein, daß zwei Partner eine großartige Ehe führen, obwohl sie einander gelegentlich »betrügen«?

Wenn man den Statistiken glauben darf, ist diese Annahme sogar sehr wahrscheinlich. Es gibt auch Vermutungen, daß ein Seitensprung einer Ehe neue Impulse geben kann.

Alle diese Möglichkeiten läßt diese Frau erst gar nicht in ihrer Selbstbeurteilung aufkommen. Sie verurteilt sich, weil sie einer Rolle, für die sie durch ihre Erziehung programmiert worden ist, nicht gerecht werden konnte.

- Während sie sich selbst bedenkenlos verurteilt, erhebt sie ihren Mann zum idealen Überwesen, indem sie ihm die Rolle des großzügigen und liebenswerten Einfaltspinsels zuordnet.

Vermutlich war er das auch. Doch dann traf ihn mindestens ebensoviel Schuld an der Untreue seiner Frau wie sie selbst. Wenn hier von Schuld überhaupt die Rede sein kann.

Offensichtlich hatte er sich zu wenig um seine Frau gekümmert. Tatsächlich stand fest, daß er nur sehr selten sexuelle

Beziehungen mit ihr hatte, die für sie zudem höchst unbefriedigend verliefen. »Ich konnte ihm das aber niemals sagen, weil es ihn in seiner männlichen Ehre verletzt hätte«, rechtfertigte sie ihr Verhalten.
- Allein aus den bisherigen Überlegungen ergeben sich zwei Ängste, denen sich diese Frau durch ihr Rollenverhalten ausgeliefert hatte: Sie fürchtete einerseits, ihrem Mann die Wahrheit über ihre sexuelle Beziehung zu sagen. Andererseits wurde sie von der ständigen Angst geplagt, er könnte hinter ihre Beziehungen zu anderen Männern kommen.
- Während sie sich selbst in die Rolle der bösen, betrügerischen Frau flüchtete, für die sie sich mit der Feststellung »Ich brauche eben Sex, ich kann nicht anders« entschuldigte, drängte sie ihren Mann in die Rolle des »Mannes mit Ehre«, der die Schande, betrogen worden zu sein, angeblich nicht verkraften kann.

Ich weiß nicht, wie dieser Mann sich selbst sah. Offensichtlich aber war es seiner Frau gelungen, ihm diese Einstellungen lange genug einzureden, bis er die Scheidung einreichte. Aber vielleicht getraute er sich nur nicht, ihr zu sagen, daß es ihn gar nicht gestört hatte, wenn sie ihn betrog. Doch er sagte es nicht, weil er dann in ihren Augen nicht mehr der »Mann mit Ehre« gewesen wäre, als den sie ihn unbedingt sehen wollte.

All das ist ziemlich kompliziert, finden Sie nicht auch? Aber es ist nur eine winzige Facette des tatsächlichen Rollenverhaltens, in dem die meisten von uns verhaftet sind. Jeder kann selbst lange Listen anderer Rollen aufstellen, in die wir uns flüchten, nur um nicht wir selbst zu sein:
- Die Rolle des allwissenden Vaters den Kindern gegenüber.
- Die Rolle der leidenden Hausfrau dem Mann gegenüber, der durch ihre Klagen erkennen soll, was sie alles leistet.

- Die Rolle der braven Kinder, die viele nur deshalb spielen, um von ihren Eltern nicht ständig zurechtgewiesen zu werden.
- Die Rolle des beinharten Vorgesetzten, der um seine Autorität besorgt ist, obwohl die Untergebenen schon längst alle seine Schwächen kennen und sich hinter vorgehaltener Hand darüber lustig machen.
- Die Rolle des charmanten Kavaliers, die sehr oft abgelegt wird, wenn er erst einmal verheiratet ist und die Angebetete nicht mehr erobert werden muß.
- Die Rolle des willfährigen Untergebenen, der seinem Vorgesetzten Honig um den Mund schmiert, um bevorzugt zu werden.

Mit ein wenig Menschenkenntnis werden Sie mühelos Ihre Mitmenschen in diesen Rollen erkennen. Auch sich selbst. Vielleicht stellen Sie sich dann auch die Frage: Warum, zum Teufel, lassen wir uns auf dieses verwirrende Spiel ein, das uns irgendwann einmal über den Kopf wachsen muß, weil wir die Ängste nicht mehr ertragen können? Die Ängste, daß unsere Heuchelei eines Tages wie ein Kartenhaus über uns zusammenfällt, und die ganze Welt mit den Fingern auf uns zeigt. Von uns enttäuscht und doch voll der Schadenfreude, daß es uns passiert ist und nicht ihnen, die uns jetzt verurteilen.

Warum spielen wir dieses komplizierte Spiel?

Ich muß Ihnen gestehen, ich weiß es nicht. Ich weiß nur, daß uns dieses Verhalten daran hindert, möglichst glücklich und möglichst frei zu sein, um das Leben führen zu können, das wir führen sollten.

Wir können es, wenn wir darangehen, die Masken zu erkennen, in denen wir leben, und sie der Reihe nach abzulegen, um unser tatsächliches Gesicht kennenzulernen.

Wie man reagieren kann, wenn andere uns in eine Rolle drängen möchten

Wer bis jetzt einige Hinweise aus diesem Buch praktisch für sich genützt hat, ist möglicherweise schon auf dem besten Wege, sich selbst zu finden:
- Wer täglich einige Zeit damit zubringt, losgelöst von den Problemen des Alltags, über sich nachzudenken,
- wer regelmäßig die Drei-Stufen-Entspannung übt,
- wer an seinem »Lebensbuch« schreibt, wird zweifellos eines Tages hinter allen Ängsten und Tabus, Verhaltensnormen und Schuldgefühlen sich selbst und seine »Wahrheit« entdecken.

Lassen Sie uns trotzdem hier die Zusammenhänge unseres Rollenverhaltens weiter untersuchen. Drei Formen gibt es:
1. Die Rollen, die *wir* uns selbst zuordnen.
2. Die Rollen, die andere *uns* zuordnen.
3. Die Rollen, die *wir* anderen zuordnen.

Eines haben alle gemeinsam: die Angst. Vorwiegend ist es die Angst, selbst enttäuscht zu werden oder andere zu enttäuschen. Denn jeder weiß, wie das ist, wenn wir jahrelang einem Menschen eine Rolle vorspielen, nur weil wir nicht den Mut haben, ihn mit der Realität zu konfrontieren.

Ebensogut kennen wir den Fall, daß wir selbst einen anderen Menschen in eine Rolle drängen, der er niemals gerecht werden kann. Aber nur weil wir uns den anderen so wünschen, nehmen wir einfach nicht zur Kenntnis, daß er in Wirklichkeit ganz anders ist.

Irgendwann einmal wird er uns enttäuschen. Wer genug Einsicht besitzt, wird die Ursache dafür bei sich selbst suchen. Die meisten Menschen allerdings geben anderen die Schuld, wenn sie selbst enttäuscht worden sind.

Generell kann gesagt werden, daß Menschen, die sich in Rollen flüchten, auch andere nicht so zur Kenntnis nehmen wollen, wie sie tatsächlich sind. Aus Angst vor der Realität ist ihnen jeder Fluchtweg recht.

Es ist für jeden leicht verständlich, daß das Rollenverhalten aus Angst vor Selbsterkenntnis ein hervorragendes Instrument im täglichen manipulativen Spiel mit der Umwelt ist. Hier ein Beispiel, wie es funktionieren kann:

Eine Mutter möchte, daß ihr Sohn sich für sie mehr interessiert als für seine neue Freundin, mit der er sich verloben will. Die Mutter ist eifersüchtig und verfolgt eine geschickte Strategie, den Sohn zurückzugewinnen. Dazu entwickelt sie drei Rollen.

Die erste Rolle gilt ihr selbst. Sie trägt den Namen: »Die kränkelnde Mutter, die viel Liebe und Pflege braucht.« Die zweite Rolle gilt ihrem Sohn und heißt: »Der brave Sohn, der seiner Mutter für alle ihre Sorgen Dankbarkeit schuldet.« Der Freundin schließlich ist die Rolle zugedacht: »Das berechnende junge Ding, das sich eine gute Partie angeln will.«

Wenn dieses Drehbuch feststeht, liegt es an der Mutter, die Rollen richtig zu verteilen und geduldig Regie zu führen. Das manipulative Spiel, von dem in diesem Buche schon so oft die Rede war, kann beginnen.

Es wird einseitig geführt, wenn sich der Sohn arglos in seine Rolle drängen läßt und gleichzeitig das Rollenbild akzeptiert, das ihm die Mutter von der Freundin suggeriert. Oder er durchschaut das Spiel und reagiert darauf. Dies kann auf zweierlei Art geschehen:

1. Er führt neue Rollen ein. Etwa, indem er seiner Mutter

die Rolle des fürsorglichen Sohnes vorspielt, aber sich nicht davon abbringen läßt, sich trotzdem mit seiner Freundin zu verloben.

In diesem Falle wird sich vermutlich das Spiel irgendwann einmal zu einem Enttäuschungshöhepunkt zuspitzen, dann nämlich, wenn die Mutter zur Kenntnis nehmen muß, daß ihr Spiel verloren ist und ihr Sohn sich gegen ihren Willen verlobt.

2. Er geht von seiner eigenen Vorstellung, seiner eigenen »Wahrheit« aus und läßt keine Zweifel an seinen Absichten, indem er beispielsweise die Mutter von Anfang an mit seiner Realität konfrontiert, statt seine wahre Absicht hinter einer Rolle zu verbergen.

So könnte er ihr sagen: »Liebe Mutter, ich verstehe, daß du mich allein für dich behalten möchtest. Aber du mußt auch einsehen, daß ich alt genug bin, meine eigenen Entscheidungen zu treffen.« Er kann hinzufügen: »Daß ich meine Freundin mag und mich mit ihr verloben will, heißt ja keinesfalls, daß ich dir deshalb nicht für alles dankbar bin, was du für mich getan hast.«

Die zweite Lösung entspricht den Vorstellungen der Kunst, ohne Angst zu leben, am besten. Der Betroffene ist hier in keiner Phase seines Vorgehens von der Angst abhängig, sein Rollenspiel würde aufgedeckt. Es wäre eine zweifache Angst gewesen. Denn einerseits hätte er fürchten müssen, seine Mutter zu enttäuschen, andererseits hätte er fürchten müssen, seine Freundin zu verlieren.

Aus diesem Beispiel können wir folgende Schlüsse ziehen:
- Wer sich von einem anderen in eine Rolle drängen läßt, macht sich von ihm abhängig.
- Wer anderen eine Rolle aufzwingt, wird mit großer Wahrscheinlichkeit enttäuscht.
- Wer selbst eine Rolle spielt, flüchtet davor, sich so zur Kenntnis zu nehmen, wie er tatsächlich ist. Ohne Zwei-

fel wird er eines Tages an den Punkt gelangen, an dem es unerträglich geworden ist, sich weiterhin selbst zu belügen.

Erkenntnisse wie diese sollten uns davon überzeugen, daß es sinnvoll ist, geduldig nach der einen, wahren Rolle zu suchen, für die wir uns am besten eignen: die »Ich-selbst-Rolle«. Wir können es, indem wir unser Verhalten nach den hier angeführten Zusammenhängen des Rollenverhaltens überprüfen und lernen, die unaufhörliche Rollenverteilung im täglichen manipulativen Spiel zu durchschauen.

Welche erstaunlichen Preise manche Menschen zahlen, nur um nicht aus einer vorgefaßten Rolle zu fallen

Das Rollenspiel nimmt im gleichen Maße zu, in dem die Menschen sich dem Selbstbekenntnis entziehen. Diese Tendenz steigt, je größer das allgemeine Angebot an Rollen wird. Vor hundert Jahren, als die althergebrachten hierarchischen Strukturen in unserer Gesellschaft noch anerkannt wurden, waren die Rollen einfach und durchschaubar:
- Vätern war die Autoritätsrolle zugeteilt.
- Für Frauen und Mütter war der Einflußbereich in der Familie klar abgegrenzt.
- Die Führungsrolle der Eliten war eindeutig bestimmt.
- Die Älteren wurden von den Jüngeren respektiert.

Damals wurden einfache Spiele gespielt, wie das »Gehorche, oder du wirst gefeuert«-Spiel. Oder das Vaterspiel: »Ich bestimme, weil ich das Geld nach Hause bringe.« Seither sind die Spielformen und Rollenverteilungen viel komplizierter geworden. Nicht zuletzt deshalb, weil das Streben nach Selbstbefreiung größer ist als die Erkenntnis über die Grenzen des Nützlichen.

Früher waren die Rollen in der Partnerschaft zweifelsfrei bestimmt. Auch im sexuellen Bereich. Der Mann befriedigte seinen Trieb, wenn ihm danach zumute war. Die Frau war sein Sexualobjekt und fand dies durchaus in Ordnung.

Heute ist dieses Spiel unüberschaubar:
- Frauen spielen Männern weiterhin die übernommene Dulderrolle vor. Aber sie verlangen etwas dafür.

- Frauen haben den Männern die Rolle eingeredet: »Wenn *du* Spaß dabei hast, habe *ich* auch ein Recht darauf.« Die Männer haben diese Aufforderung angenommen und versuchen nun, ihr gerecht zu werden.
- Frauen spielen Männern vor, sie blieben unbefriedigt, und stacheln damit die leistungsorientierten Männer zu Leistungen auf, mit denen sie überfordert sind.
- Die Angst, den Ansprüchen der Frauen nicht mehr gerecht werden zu können, zwingt die Männer zu völlig neuen Rollenspielen. Sie haben von den Frauen die Dulderrolle in einer neuen Variation übernommen: »Mein Beruf macht mich kaputt, wie soll ich da noch ein guter Liebhaber sein?«

Besonders schwierig ist es für Angehörige angestammter Autoritäten, ihr Verhalten den Anforderungen der heutigen Zeit anzupassen. Bezeichnend dafür ist das sogenannte »Helfersyndrom«, von dem Ärzte und Menschen in sozialen Berufen besonders betroffen sind.

Dieses Problem wird von dem Münchner Psychologen Wolfgang Schmidbauer in einem Buch mit dem Titel »Die hilflosen Helfer« ausführlich beschrieben. In diesem Buch wird behauptet: »Das organisierte Wissen des Arztes reicht häufig nicht aus, um einen Patienten zu verstehen. Doch sind nur wenige Ärzte in der Lage, ihre Unwissenheit zu erleben, geschweige denn, sie offen mit dem Patienten zu besprechen. Die Identifizierung mit dem Über-Ich der Standesethik, des akademischen Wissens, gewährleistet Überlegenheit und schafft Distanz.«

Weiter heißt es: »Das Helfersyndrom ist eine Verbindung charakteristischer Persönlichkeitsmerkmale, durch die soziale Hilfe auf Kosten der eigenen Entwicklung zu einer starren Lebensform gemacht wird.«

Und schließlich: »Daß es um die seelische Gesundheit bei den Angehörigen der helfenden Berufe nicht sonderlich gut bestellt ist, zeigt die Statistik. Am besten dokumentiert ist die Situation beim prestigeträchtigsten Helferberuf, dem Arzt. Dabei ist zu berücksichtigen, daß in keiner Berufsgruppe psychische Störungen so sehr vertuscht und bagatellisiert werden wie in der, die unmittelbar mit der Behandlung dieser Störungen befaßt ist. Gerade darin aber drückt sich das Helfersyndrom besonders deutlich aus, daß Schwäche und Hilflosigkeit, offenes Eingestehen emotionaler Probleme nur bei anderen begrüßt und unterstützt wird, während demgegenüber das eigene Selbstbild von solchen Schwächen um jeden Preis freigehalten werden muß.«

Um diese Feststellungen noch einmal deutlich zusammenzufassen: Die meisten Ärzte fühlen sich ihrem prestigeträchtigen Rollenverhalten des souveränen, distanzierten Übermenschen so verpflichtet, daß sie ihre eigenen Erkrankungen mißachten. Die Rolle, die sie vor der Mitwelt spielen wollen, ist ihnen wichtiger als ihre eigene Gesundheit. In welchem Maße dies der Fall ist, zeigt eine in dem erwähnten Buch angeführte Studie. Dafür wurden 47 Medizinstudenten vom Eintritt in die Universität an 30 Jahre lang beobachtet und mit anderen Studenten verglichen.

Das Ergebnis bei den Medizinern: 47 Prozent führten eine schlechte Ehe oder ließen sich scheiden, 36 Prozent nahmen aktivierende Medikamente, Alkohol oder Drogen, 34 Prozent unterzogen sich einer psychotherapeutischen Behandlung oder brachten einige Zeit in Nervenkliniken zu. Diese Ergebnisse waren, so die Studie, eindeutig höher als jene der Studenten aus anderen Bereichen.

Ist es nicht erschreckend, solche Zusammenhänge gerade über jene Menschen zu erfahren, an die wir uns in Notsituationen um Hilfe wenden? Ärzte verhalten sich, wie wir sehen, ihrer Rolle gerecht, wie wir selbst es nicht anders tun. Schließlich unterstützen wir durch unser eigenes Verhalten jenes der anderen:

- Beim Arzt spielen wir die Rolle des bemitleidenswerten Hilfesuchenden.
- Vor Gericht spielen wir die Rolle des Untertanen, der um Gerechtigkeit bittet.
- Als Erwachsener spielen wir die Rolle des Erwachsenen.
- Und wie wir alle wissen, können ungezählte Vorgesetzte ihre Positionen nur deshalb behalten, weil sie es besser verstehen, ihre Vorgesetztenrolle zu spielen als andere, die vielleicht fachlich viel besser für diese Position qualifiziert wären.

Ein Vorgesetzter, der tatsächlich nur ein Untergebener ist, muß zeit seines Berufslebens fürchten, daß man dahinterkommt, wie ungeeignet er ist. Er muß andere täuschen und sich selbst belügen, um nicht an jedem einzelnen Tag an seiner Situation zu verzweifeln.

Beispiele wie das Helfersyndrom oder jenes von Leuten auf Posten, die für sie eine Nummer zu groß sind, sind aber keineswegs Einzelfälle. Wir alle spielen unsere Rollen und sollten uns nicht davon abhalten lassen, sie von Zeit zu Zeit zu überprüfen.

Vermutlich ist es für uns alle notwendig, im manipulativen Spiel des Lebens immer wieder in verschiedene Masken zu schlüpfen, um an ein gestecktes Ziel zu gelangen. Entscheidend dabei ist nicht, daß wir dabei Rollen spielen. Entscheidend ist vielmehr, wer die Regie dabei führt.

Sind es andere Leute, die versteckt die Fäden unseres Verhaltens ziehen, oder sind es wir selbst?

Wer selbst nicht weiß, welche konkreten Ziele er besitzt und nach welchen auf ihn zugeschnittenen Vorstellungen er leben möchte, wird sich willig den Anweisungen aller möglichen Regisseure anvertrauen. Er wird tun, was sie ihm sagen, weil er nichts mehr fürchtet, als daß sie ihn im Stich lassen könnten.

*Warum es besser ist, Fragen zu stellen, statt sich hinter
Behauptungen zu verschanzen*

Man kann die Rollen, die Menschen sich selbst und der
Mitwelt vorspielen, in zwei Arten gliedern:
- in starre Rollen;
- in flexible Rollen.

Das im vorangegangenen Abschnitt beschriebene »Helfersyndrom« ist zweifellos eine starre Rollenform. Sie dient dem Schutz und der Wahrung des Vorteils einer elitären Gruppe der Mitwelt gegenüber. Gleichzeitig wird aber auch der Preis erkennbar, den ein Mitglied dieser Gruppe bezahlen muß, um diesem Rollenverhalten gerecht zu werden. Wer dieses Opfer nicht auf sich nimmt, wird aus der Solidarität der Gruppe ausgestoßen.

Starres Rollenverhalten entspricht dem Bekenntnis zu erstarrten Wahrheiten, die keine Rücksicht auf das individuelle Bedürfnis des einzelnen nehmen. Starres Rollenverhalten ist durch uniformierte Kommunikationsformen gekennzeichnet. Deshalb darf es uns nicht wundern, wenn sich Ärzte über unsere Köpfe hinweg über unsere Krankheiten noch immer in einer für uns Laien unverständlichen Sprache unterhalten.

Auch die Art, wie sie mit uns reden, ist bezeichnend. Ihre Diktion ist Autorität und läßt keine Fragen zu. Jede Infragestellung könnte die Wahrheiten, die sie vertreten, in Frage stellen und damit ihre Position gefährden. Behauptungen als Wahrheiten darzustellen ist deshalb eines der am meisten gebrauchten manipulativen Instrumente elitärer Gruppen der Mitwelt gegenüber.

Andererseits ist die gezielte Strategie des Fragens ein wirkungsvolles Mittel, sich gegen diese Art der Manipulation zur Wehr zu setzen. Wenn wir uns von autoritärem Rollenverhalten bluffen lassen, geben wir den Ängsten Ansatzpunkte. Denn jede kritiklose Unterordnung ist mit Angst verbunden. Die Strategie des Fragens zu beherrschen ist deshalb ein sehr wichtiger Schritt in der Kunst, ohne Angst zu leben.

Ehe wir uns hier näher damit befassen, sollten wir uns noch einmal in Erinnerung rufen, daß jedes Rollenverhalten eines Mitmenschen ein Teil des Spieles ist, mit dem er uns zu seinem Vorteil manipulieren möchte. Wenn beispielsweise einer unserer Gegner in diesem Spiel weiß, daß wir jemand sind, der Konfrontationen ausweicht, wird er versuchen, uns mit Hilfe einer Autoritätsrolle zu manipulieren. Sie zeigt sich in der Art, wie er mit uns redet.

Wenn er möchte, daß wir ihn in unserem Auto zum Bahnhof bringen, wird er sagen: »Ach, bring mich doch schnell zum Bahnhof.« Er wird es so sagen, daß es uns schwerfällt, nein zu sagen. Wir ärgern uns zwar und machen uns noch Stunden später Vorwürfe, daß wir uns wieder einmal ausnutzen ließen, aber im Augenblick der Konfrontation sind wir hilflos und ohne Gegenwehr.

Wir waren aus einem einzigen Grund hilflos: Weil wir Angst davor hatten, nein zu sagen. Wir fürchteten uns vor einer Konfrontation. Nun gibt es zwei Arten von Konfrontationen:

● die direkte Konfrontation;
● die indirekte Konfrontation.

Wer auf die vorhin erwähnte Aufforderung mit einem klaren und sicheren: »Nein, ich bringe dich nicht zum Bahnhof« reagiert, vermeidet von Anfang an die Angst, er könnte sich unbeliebt machen. Es ist ihm wichtiger, seinen eigenen Vorteil zu wahren, als sich bei anderen Leuten lieb Kind zu machen.

Wem diese direkte Form der Abwehr nicht liegt, sollte sich in der indirekten Form üben. Zu ihr gehört die Strategie des Fragens. Ihr Grundprinzip lautet: Begegnen Sie jedem manipulativen Angriff grundsätzlich mit einer Gegenfrage.

Wenn Ihr Gegner sagt: »Bring mich schnell zum Bahnhof«, antworten Sie sicher und ohne Zögern mit »Warum?« Dieses eine Wort gibt Ihnen Zeit, sich für weitere Maßnahmen zu sammeln und verhindert vorerst, daß der andere Sie überrumpelt.

Was immer Ihr Gegner darauf antwortet, kontern Sie mit einer weiteren und einer dritten Frage. Bis Sie schließlich zum Gegenangriff übergehen, indem Sie fragen: »Warum fährst du nicht selbst?«

Grundsätzlich kann gesagt werden, daß die Strategie des Fragens dem flexiblen Rollenverhalten entspricht und eine sehr wirksame Alternative zur Angst darstellt.

Hier ein Beispiel aus dem Alltagsleben:

Ihnen steht eine Begegnung mit Ihrem Vorgesetzten bevor. Jeder in Ihrer Umgebung weiß, daß dieser Mann stur und in seinem Verhalten autoritär ist. Sie können nun versuchen, sich mit einigen hastigen Zügen aus einer Zigarette zu beruhigen, oder Sie suchen die Gegenwart anderer Leute, denen Sie Ihre Angst gestehen, um von ihnen bedauert oder ermuntert zu werden.

Das eine macht Sie von der Zigarette, das andere von der Anteilnahme Ihrer Mitmenschen abhängig. Meistens ist sie, wie jeder weiß, geheuchelt.

Mit Hilfe einiger gezielter Fragen können Sie versuchen, sich selbst zu helfen. Statt sich also von der Angst überwältigen zu lassen, begegnen Sie ihr mit folgender einfacher Vier-Stufen-Formel:

1. Sie konkretisieren Ihre Angst, indem Sie sich fragen: »Was ist das konkret, vor dem ich Angst habe?« Wenn Sie beharrlich und nicht nur oberflächlich nach einer befriedigenden Antwort suchen, wird sich in vielen Fällen zeigen, daß Ihre unkontrollierte Angst in keinem Verhältnis zu der tatsächlichen Gefahr steht.
2. Fragen Sie nach den negativen Folgen der bevorstehenden Konfrontation: »Was ist das Schlimmste, das mir passieren kann?«
3. Stellen Sie aber auch die Gegenfrage: »Was ist das Günstigste, das mir passieren kann?«
4. Klären Sie nun, nachdem Sie sich einen Überblick über Ihre Situation verschafft haben: »Was muß ich tun, um das für mich Beste aus dieser Situation zu machen?«

Wenn Sie an diesem Punkt angelangt sind, sollten Sie entscheiden, was Sie nun tatsächlich tun wollen – und es ohne Zögern tun.

Die vier oben angeführten Fragen zur Angstbewältigung, die aus einem meiner früheren Bücher stammen, sollten für Sie ein Grundgerüst dafür sein, Ihre eigene Methode zu entwickeln.

Achte Zusammenfassung, ehe Sie weiterlesen

Jeder von uns, der nach Alternativen für die Ängste sucht, die unser Leben bestimmen, steht vor der unvermeidbaren Entscheidung:
- Spielen wir die Rollen, die unsere Mitwelt uns diktiert?
- Oder führen wir in unserem Leben selbst Regie?

Wer nach seinen eigenen Wahrheiten sucht und bereit ist, sich an jedem Tag in seinem Handeln danach zu orientieren, hat diese Entscheidung schon gefällt. Für ihn ist es von Vorteil, wenn er die eingelernten starren Rollenverhalten Schritt für Schritt durch die neuen, eigenen Verhaltensvorstellungen ersetzt.

Es kann gesagt werden: Wer seine eigenen Wahrheiten besitzt und sich zu sich selbst bekennt, braucht keine Rollen zu spielen, um sein tatsächliches Ich vor der Umwelt zu verbergen. Von dieser starken Position aus hat er optimale Chancen im täglichen manipulativen Spiel.

Die Strategie des Fragens kann uns, wenn wir sie konsequent üben, dabei helfen, hinter die Rollen zu blicken, in die unsere Gegner schlüpfen, um uns zu überrumpeln. Andererseits können wir durch Fragen unsere Ängste reduzieren.

Die einfache Angstbewältigungsformel lautet:
1. »Wovor fürchte ich mich konkret?«
2. »Was ist das Schlimmste, das mir passieren kann?«
3. »Was ist das Günstigste?«
4. »Wie mache ich das Beste aus dieser Situation?«

Der neunte Schritt

Der neunte und letzte Schritt in der Kunst, ohne Angst zu leben, ist einem Prinzip gewidmet, ohne das es keine wirkliche Veränderung geben kann: das Prinzip der Konsequenz.

Ungezählte Träume und Ziele, revolutionäre Vorsätze und Versprechungen scheitern daran, daß wir sie mit überschäumender Begeisterung beginnen, aber doch niemals zu Ende führen.

Eine der Ursachen dafür ist, daß wir uns nicht bedingungslos dem Prinzip der Konsequenz unterwerfen. Wir geben uns mit halben Lösungen und Ersatzhandlungen zufrieden und wundern uns, daß dabei Stück für Stück unseres Selbstbewußtseins verlorengeht. Bis wir uns bei allem, was wir uns vornehmen, angsterfüllt fragen: Werde ich es auch diesmal nicht schaffen?

Auf den folgenden Seiten finden Sie eine Beschreibung der fünf wichtigsten Konsequenzen, die jeder von uns ziehen sollte. Als Grundlage einer Alternative zum Angstverhalten.

*Warum wir unsere Angst niemals ganz bewältigen können,
wenn wir es nur mit halbem Herzen versuchen*

Zu den bemerkenswertesten Erscheinungen unserer Zeit gehört die Halbherzigkeit. Wir möchten möglichst viel Geld verdienen, aber möglichst wenig dafür leisten. Wir möchten gesund bleiben und trotzdem auf vieles nicht verzichten, was krank macht.
In dieser Zeit der Mitbestimmung ohne Mitverantwortung, in der Argumente als geeigneter Ersatz für das Handeln angesehen werden, ist vielen Menschen der Instinkt für Konsequenz verlorengegangen.
Wenn es in der Kunst, ohne Angst zu leben, überhaupt eine Maxime geben kann, dann diese: »Nichts geschieht für unser Glück, wenn wir nicht handeln. Im Handeln liegt die Lösung aller Dinge. Es genügt deshalb nicht, sich etwas vorzunehmen. Es genügt auch nicht, einen Versuch zu machen. Entscheidend für alles ist das Ergebnis, also die Konsequenz unserer Bemühungen, um ein Ziel zu erreichen.«
Was immer Sie sich während der Lektüre dieses Buches bisher vorgenommen haben, um von Ihren Ängsten unabhängig zu werden, letztlich zählt nur, wie konsequent Sie es in die Tat umsetzen. Wenn das Erkennen unserer persönlichen Wahrheiten der erste Schritt zur besseren Lebensbewältigung und das Selbstbekenntnis der zweite Schritt ist, dann ist die Konsequenz unseres Handelns der dritte.
»Konsequenz des Handelns« bedeutet, daß wir das, was wir jetzt tun wollen, auch tatsächlich jetzt verwirklichen und

nicht zu irgendeinem anderen Zeitpunkt. Es bedeutet auch, daß wir es:
- mit aller uns zur Verfügung stehenden Energie,
- der größten Beharrlichkeit und
- ohne Zweifel und Kompromisse tun.

Das Verhängnis vieler Menschen ist die Ja-Aber-Einstellung zu fast allem, was sie unternehmen möchten. Sie fassen ein Ziel ins Auge, aber gleichzeitig zweifeln sie es auch an. So schaffen sie von vornherein die Bereitschaft zu einem Kompromiß mit dem, was sie erreichen möchten.

In uns allen scheint eine tiefverwurzelte Angst vor jener Konsequenz zu stecken, die unser Leben bestimmt, ob es uns gefällt oder nicht. So, wie die Konsequenz unseres Lebens der Tod ist, ist die Konsequenz unserer Wünsche, daß wir alles unternehmen, sie zu erfüllen. Es sei denn, wir verleugnen sie von vornherein. Damit aber verleugnen wir auch unser persönliches Leben. Oder wir begnügen uns mit einem Kompromiß und tun das, was wir tun möchten, nur ein klein wenig. Dann werden wir auch unser Leben nur ein klein wenig gelebt haben.

Niemand ist da, der uns beibringt, konsequent zu leben. Ganz im Gegenteil, wir werden von Kindheit an zu Kompromissen, zur Inkonsequenz und Scheinheiligkeit erzogen. Man versucht, dem Schüler einzureden, er lerne für sich und nicht für die Schule. Tatsache aber ist, daß das Hauptziel des Lehrers darin besteht, seinen Lehrplan zu erfüllen und seinen Vorgesetzten zu gefallen. Statt Verständnis für individuelle Ansprüche zu zeigen, erpreßt er die Schüler mit schlechten Noten.

Das Motiv der meisten Schüler ist deshalb nicht, sich begeistert Wissen anzueignen, mit dem sie später ihr Leben besser bewältigen könnten. Sie lernen vorwiegend, sich normgerecht zu verhalten, keine Widerstände auszulösen und mehr Lob als Kritik zu erlangen. Das Motto lautet: Verleugne

dich, damit man dich nicht erwischt. Genauso vollzieht sich dann ihr weiteres Leben.
Die meisten Menschen sind damit glücklich und zufrieden. Sie stellen keine höheren Ansprüche an sich und ihr Leben. Ihnen genügt der Kompromiß, den sie mit ihren Bedürfnissen und der Mitwelt geschlossen haben.
Wer seinem Leben allerdings mehr abverlangt, wer die Faszination des großen täglichen Abenteuers spüren will, muß darangehen, die Konsequenzen zu erkennen, die sich aus dieser Vorstellung ergeben.
Wer ein Leben ohne Ängste führen will – und dies ist die Voraussetzung für Freiheit und optimale Selbstentfaltung – darf mit seinen Ängsten keine Kompromisse schließen. Er muß seine Einstellung schon dort ändern, wo die Zweifel beginnen: Bei der Vorstellung seines Handelns und dem Wunsch, etwas zu verwirklichen.
Der entscheidende Faktor dabei ist die Erkenntnis, daß jede Verwirklichung mit Verzicht verbunden ist. Diese Konsequenz des Verzichtens bedeutet, alle Energie für unser Handeln einzusetzen, statt einen Teil davon mit der Angst zu vergeuden, wir könnten etwas versäumen. Alles, was wir erreichen möchten, unterliegt von Anfang an zwei gegensätzlichen Einflüssen:

- Einmal dem Wunsch, eine Vorstellung zu verwirklichen und die größte Befriedigung dabei herauszuholen.
- Andererseits sind da die Hindernisse in und um uns, die sich unserem Handeln entgegenstellen.

Ob wir unser Ziel erreichen oder nicht, hängt davon ab, wie gut wir unsere Kräfte organisieren, um die Hindernisse zu überwinden, oder, um es anders zu sagen: wie konsequent wir zu unserem Vorhaben stehen.
Das gilt für die kleinen Dinge des Alltags wie für große Veränderungen. Hausfrauen sind davon ebenso betroffen wie Schüler, Chirurgen oder Geschäftsleute.

Weil ein wesentlicher Teil unseres Lebens darin besteht, andere zu manipulieren oder von ihnen manipuliert zu werden, zeigt sich hier am deutlichsten, wie konsequent wir unsere Vorstellungen durchsetzen und unsere Kräfte organisieren können.

Was sind das für Kräfte?

Erst kürzlich saß ich viele Stunden mit dem Trainer einer Fußballmannschaft zusammen, um die Grundlagen seiner Arbeit zu ermitteln. Wir entschieden uns für folgende sechs Grunderfordernisse, die seine Spieler besitzen müßten, um die Voraussetzung für den Gewinn eines Spieles zu erfüllen:

1. die Beherrschung der Technik, also des Umganges mit dem Ball;
2. die körperliche Kondition. Darunter sind vor allem Ausdauer und Schnelligkeit zu verstehen;
3. die Fähigkeit, sich selbst zu beeinflussen. Ein Spieler sollte wissen, wie man Zweifel durch positive Vorstellungen ersetzt. Er sollte auch die Fähigkeit besitzen, sich jederzeit zu entspannen und alle Kräfte für eine gezielte Leistung zu mobilisieren;
4. die Einstellung zum Fußball und zur eigenen Lebensführung. Der Sport sollte als Bestandteil in die gesamte Lebensvorstellung des Spielers harmonisch integriert sein;
5. die Taktik im Spiel. Jeder sollte wissen, wann es besser ist, sich vor einem übermächtigen Gegner in die Verteidigung zurückzuziehen und wann der geeignete Zeitpunkt für den Gegenangriff gekommen ist;
6. die Kooperation der Spieler im Team. Denn die beste Leistung kann nur erzielt werden, wenn sich die einzelnen Spieler in ihren Fähigkeiten gegenseitig unterstützen und ergänzen.

Vielleicht fragen Sie jetzt: »Was soll ich damit, ich schaue mir doch Fußballspiele nicht einmal im Fernsehen an?« Tatsächlich aber haben diese sechs Punkte mit der Organisation

Ihres eigenen Lebens genausoviel zu tun wie mit dem Fußballspiel. Denn:

- Was immer Sie auch tun, die wirkliche Freude daran werden Sie nur haben, wenn Sie die Technik beherrschen. Wer einen Job ausübt, dessen Erfordernisse er nicht beherrscht, wird zeit seines Lebens von der Angst gequält werden, zu versagen und dabei erwischt zu werden.
- Wenn Sie körperlich nicht imstande sind, durchzuhalten, solange es notwendig ist, um eine Aufgabe zu erfüllen – ob es sich um eine Schularbeit oder die Reinigung der Wohnung handelt –, wird die Angst vor dem frühzeitigen Versagen Sie nie verlassen.
- Wenn Sie nicht lernen, sich selbst zu beeinflussen, dürfen Sie sich nicht wundern, daß alle anderen – Feinde und Freunde gleicherweise – Sie ausnützen.
- Wenn Sie das, was Sie tun, als sinnlose Qual betrachten und nicht als wichtigen Bestandteil Ihrer gesamten Lebensvorstellung, werden Sie zu Ihrem Handeln keine Beziehung haben. Das bedeutet, daß Sie die Arbeit hassen und sich ständig davor fürchten.
- Das Zusammenleben mit der Mitwelt ist dem permanenten manipulativen Spiel unterworfen. In diesem Spiel hängt es davon ab, daß wir zum richtigen Zeitpunkt nachgeben oder angreifen. Zu wissen, wofür die Zeit gekommen ist, entscheidet oft über Sieg oder Niederlage.
- Ein anderer Aspekt dieses manipulativen Spiels ist es, daß wir uns zur Bewältigung bestimmter Aufgaben die richtigen Partner suchen, um gemeinsam mit ihnen zu erreichen, wozu wir allein nicht imstande wären.

Wenn Sie diese Hinweise auf unser Alltagsleben mit den Grundlagen des richtigen Fußballspiels vergleichen, werden Sie keinen Unterschied erkennen können. Warum auch? Wer erkannt hat, daß unser Leben ein ununterbrochenes

Spiel ist, in dem jeder alle Anstrengungen unternehmen sollte, um möglichst oft siegreich zu sein, wird sich über Vergleiche wie diese nicht mehr wundern.

Lassen Sie uns deshalb noch einmal zusammenfassen, was hier wie dort gültig ist: Wenn wir nach unseren Vorstellungen erfolgreich leben wollen, geht es darum, alle unsere Kräfte konsequent zu organisieren, um die Hindernisse zu bewältigen.

Wer Zweifel, Kompromisse und Ängste nicht durch Konsequenz ersetzt, darf sich nicht wundern, wenn sein tägliches Handeln und damit sein ganzes Leben Stückwerk bleibt.

Fünf wichtige Konsequenzen, die wir ziehen sollten, damit unsere besten Vorsätze nicht Stückwerk bleiben

Im vorangegangenen Abschnitt war von den Hindernissen die Rede, die sich in und um uns der Verwirklichung unserer Wünsche und Pläne in den Weg stellen.
Die Hindernisse um uns entstehen aus dem Zusammentreffen unserer Lebensvorstellungen mit denen anderer Leute. Wir können dabei von vorneherein nachgeben und Rücksicht auf die anderen nehmen. Oder wir gehen auf die Konfrontation ein und spielen das manipulative Spiel, um dabei zu gewinnen oder zu verlieren.
Während das wiederholte Nachgeben unser Durchsetzungsvermögen schwächt, stärkt uns die Konfrontation. Sowohl im Sieg als auch in der Niederlage reift unsere Erfahrung. Wir lernen dadurch die Niederlage als etwas kennen, was manchmal unvermeidbar ist, und verlieren allmählich die Angst davor.
Neben den äußeren Widerständen existieren andere in uns selbst. Sie sind es, die darüber entscheiden, ob wir im manipulativen Spiel nach außen siegreich sind oder nicht. Wie stark der Rückhalt ist, den wir während einer Konfrontation in uns selbst besitzen, hängt davon ab, wie konsequent wir die Vorstellungen unseres Lebens befolgen.
Hier finden Sie zusammenfassend und zum besseren Verständnis der Zusammenhänge fünf Konsequenzen, die sich aus dem Inhalt dieses Buches für jeden ergeben, der sein Leben selbst bestimmen möchte:

1. Die Konsequenz des Handelns
Wir können es uns nicht oft genug in Erinnerung rufen, daß unser Handeln durch nichts ersetzt werden kann. Die Konsequenz des Handelns bedeutet:
- das Problem kritisch zu untersuchen, ehe wir eine Entscheidung fällen;
- alle Zweifel fallenzulassen;
- zum richtigen Zeitpunkt konsequent handeln;
- sich mit keinem Kompromiß zufriedengeben, bis das vorgestellte Ziel erreicht ist.

Es ist besser, als stur kritisiert zu werden und seine Vorstellung verwirklicht zu haben, als von anderen für Rücksicht und Einsicht gelobt zu werden, aber auf halbem Wege einen bequemen Kompromiß geschlossen zu haben.

2. Die Konsequenz des Verzichts
In unserer Gier, alles besitzen zu wollen, was andere auch besitzen, haben wir das Verzichten verlernt. Wenn wir eine Sache verwirklichen möchten, fürchten wir, daß wir dadurch andere versäumen könnten.
Wer die Konsequenz des Verzichtens erkannt hat, wird sich für das Wichtige entscheiden und leichten Herzens auf alles weniger Wichtige verzichten. Denn es ist besser, eine einzige Sache ganz zu Ende zu bringen, als vieles nur halb.

3. Die Konsequenz des Ich-Bekenntnisses
Im manipulativen Spiel, das wir ständig mit unserer Mitwelt führen müssen, ist jeder auf seinen eigenen Vorteil bedacht. Er ist es, auch wenn er seinen Egoismus hinter Opferbereitschaft und Nächstenliebe verbirgt.
Niemandem ist es möglich, sich möglichst viele seiner individuellen Vorstellungen zu erfüllen und es gleichzeitig allen Menschen recht zu machen. Wer sich deshalb zu sich selbst bekennt, sollte die Kritik an seinem Egoismus als das be-

trachten, was sie ist, als den Versuch der Gegner im manipulativen Spiel, uns im Glauben an uns selbst unsicher zu machen, um uns dann besser zu ihrem Vorteil manipulieren zu können.

4. Die Konsequenz des Lebens im Hier und Jetzt

Viele unserer Ängste entstehen nur deshalb, weil wir uns angewöhnt haben, den Erfordernissen des Heute auszuweichen. Statt alle Energie darauf zu verwenden, die Aufgabe zu bewältigen, die sich hier und jetzt stellt, weinen wir dem Gestern nach und hoffen darauf, daß morgen alles besser wird.

Die Konsequenz des Lebens im Hier und Jetzt bedeutet, jetzt mit ganzer Energie das zu tun, was jetzt getan werden sollte. Statt es nur mit halber Kraft zu versuchen, während wir in unseren Gedanken schon bei unserer nächsten Aufgabe sind. Oder bei den Ausreden, mit denen wir unser Versagen begründen wollen.

5. Die Konsequenz des Übens

Die Bewältigung jeder Aufgabe hängt – wie wir wissen – von zwei Komponenten ab:

- von der Vorstellung, wie wir leben wollen und dem Bekenntnis dazu;
- von der Fähigkeit, jederzeit auf alle Herausforderungen des Tages so zu reagieren, wie es unseren Vorstellungen entspricht.

Diesen Erfordernissen können wir nur gerecht werden, wenn wir unsere Vorstellungen unermüdlich einüben, bis sie ein Bestandteil unseres Verhaltens geworden sind.

Wer bisher vorwiegend seine Ängste eingeübt hat, darf sich nicht wundern, wenn es großer Ausdauer bedarf, bis die Gewohnheiten ängstlichen Verhaltens durch das ständig trainierte Selbstbewußtsein ersetzt werden können.

*»Die Konsequenz des Lebens ist, daß es eines Tages mit
Gewißheit zu Ende geht«*

Als ich kürzlich eine Woche lang in einem Wiener Krankenhaus verbrachte, um mir den Blinddarm herausoperieren zu lassen, lag einige Stockwerke über mir der bekannte Schauspieler Curd Jürgens im Sterben.
Ich dachte oft an meine einzige Begegnung mit ihm im Zusammenhang mit einer Fernsehshow, bei der ich als Gastgeber mit Jürgens ein Gespräch über Leben und Sterben führte. »Wissen Sie, Kirschner«, hatte er erklärt, »ich habe mit einem Arzt ein Abkommen geschlossen, daß er mir eine gewisse Pille gibt, wenn es soweit ist. Ich möchte mit Würde sterben und nicht hilflos dahinsiechen.«
In diesem Zusammenhang sagte er auch den Satz: »Die Konsequenz unseres Lebens ist, daß es eines Tages mit Gewißheit mit uns zu Ende geht, und es ist unser Risiko, daß es jeden Tag passieren kann.«
Wie recht Curd Jürgens damit hatte. Und doch lag er damals im Krankenhaus ein paar Stockwerke über mir und war sich der Konsequenz, mit der er nun konfrontiert war, nicht bewußt. Sein Arzt wußte, daß er sterben würde, vermutlich wußte es auch seine Frau. Aber niemand brachte es fertig, ihn selbst mit den Tatsachen zu konfrontieren.
»Die Konsequenz des Lebens ist der Tod. Unser Risiko ist es, daß es an jedem Tag passieren kann.« Wer zu dieser Erkenntnis gelangt ist, hat keinen Grund mehr, vor irgendwas Angst zu haben.

Was könnte es Endgültigeres geben als den Tod? Wie unerheblich muß uns jedes Risiko erscheinen, wenn wir es mit dem Ende unseres Lebens vergleichen, das schon heute eintreten kann?
Wo immer unsere Ängste auch ihren Anfang nehmen, sie alle enden schließlich bei der Angst vor dem Sterben. Sehr viele Menschen fürchten sich so sehr davor, daß sie nicht einmal daran zu denken wagen. Sie möchten der Angst entgehen, indem sie sie verdrängen.
Aber so trickreich wir auch dabei sind, den Ängsten aus dem Wege zu gehen, es befreit uns nichts davon. Wir können uns bemühen, sie hinwegzudiskutieren oder in Alkohol zu ertränken, wir können es mit Drogen versuchen oder mit einer Heldenrolle, die wir uns und der Mitwelt vorgaukeln. Aber wenn wir es noch so raffiniert anstellen, die Flucht ist keine Alternative zur Angst. Der bessere Weg ist die Konfrontation, auch wenn sie mit dem Risiko verbunden ist, dabei eine Niederlage zu erleiden.
Nichts verursacht vielen Menschen mehr Angst als die Vorstellung, nicht siegen zu können. Lieber verzichten sie auf ihre größten Wünsche, als eine Niederlage in Kauf zu nehmen. Dabei ist die Niederlage genauso ein Bestandteil des Sieges, wie der Tod eine Konsequenz des Lebens ist.
Ehe die Samurai, die Krieger des japanischen Mittelalters, in die Schlacht zogen oder sich einem Zweikampf stellten, saßen sie stundenlang mit geschlossenen Augen auf dem Boden und meditierten. Sie versuchten sich von allem frei zu machen, was sie mit dem Leben und dem Tod verband.
»Wer in den Kampf geht und dabei auch nur mit einer Faser an seinem Leben hängt, trägt damit den Keim seiner Niederlage in sich«, sagten sie.
Nicht mehr am Leben zu hängen und den Tod hinzunehmen, wenn er nicht zu vermeiden ist, diese Weisheit zu erlangen, trauen wir Menschen des Westens uns kaum zu.

Aber heißt das, daß sie nicht genauso für uns gilt wie für die Samurai-Krieger? Im Grunde genommen sagt sie nichts anderes aus als das, was der Schauspieler Jürgens meinte, als er von der Konsequenz des Lebens sprach und dem Todesrisiko, dem wir täglich ausgesetzt sind.

Wer also den Tod nicht fürchtet, weil er sich darüber im klaren ist, daß er ihm nicht entgehen kann, braucht auch vor einer Niederlage keine Angst zu haben. Vorausgesetzt, er hat alle seine Kräfte für einen Sieg mobilisiert, aber ihn doch nicht geschafft, weil der Gegner stärker war.

Wenn hier für die Kunst, ohne Angst zu leben, auch zahlreiche einfache Techniken empfohlen werden, wie man sich in Augenblicken der Konfrontation mit unseren Ängsten verhalten kann, so sollte doch jedem bewußt sein, daß die Anwendung dieser Techniken nur dann sinnvoll ist, wenn sie zu tieferen geistigen Einsichten führt.

Natürlich können wir ein »Lebensbuch« erstellen, in dem alle unsere Verhaltensvorstellungen minuziös aufgeschrieben sind. Wir können an jedem Tag in kleinen Schritten unser Verhalten einüben, bis wir unsere eigenen Wahrheiten verwirklicht und anstelle unserer Ängste gesetzt haben.

Aber über die Praxis des täglichen Lebens hinaus sollten wir die großen Zusammenhänge immer besser zu erkennen versuchen: die Einheit des Unglücks mit dem Glück, die Wechselbeziehung zwischen Sieg und Niederlage und die Notwendigkeit des Risikos, um einen Erfolg zu erringen.

Neunte und letzte Zusammenfassung, ehe Sie dieses Buch aus der Hand legen

In dieser Zeit, in der die Flucht vor den Realitäten des Lebens perfektioniert wurde wie niemals zuvor, sollten wir nicht müde werden, uns die Konsequenzen des Lebens vor Augen zu halten:
1. die Konsequenz des Handelns, die durch kein noch so täuschendes Argument ersetzt werden kann;
2. die Konsequenz des Verzichtens, damit wir eine einzige Sache ganz vollbringen können und nicht hundert Dinge mit halbem Herzen;
3. die Konsequenz des Ich-Bekenntnisses, weil es niemandem möglich ist, sich selbst und gleichzeitig allen anderen Menschen alles recht zu machen;
4. die Konsequenz des Lebens im Hier und Jetzt, weil wir die Energie, die wir jetzt zur Bewältigung einer Aufgabe brauchen, nicht durch Hoffen oder Bangen schwächen sollten;
5. die Konsequenz des Übens, bis die Vorstellungen, nach denen wir leben möchten, ein Teil unseres automatischen Handelns geworden sind.

Wer diese fünf Punkte konsequent in der Praxis seines Lebens verwirklicht, hat den entscheidenden Schritt gemacht, die Meisterschaft in der hier beschriebenen Kunst, ohne Angst zu leben, zu erlangen.

Nachwort

Wie alle meine Bücher, so erhebt auch dieses keinen Anspruch auf Vollständigkeit. Ganz im Gegenteil gibt es vorwiegend Erfahrungen wieder, die der rein persönlichen Auseinandersetzung mit meinen täglichen Ängsten entsprechen. Ein Unterfangen, mit dem ich mich schon viele Jahre lang beschäftige, das jedoch mit Sicherheit niemals abgeschlossen sein wird.
Die hier angebotenen neun Schritte zum Studium der Kunst, ohne Angst zu leben, können deshalb für den Leser nur Anregung sein, seinen eigenen Weg für eine bessere Lebensbewältigung zu finden. Wer vor dieser Mühe zurückschreckt, hat sich der Lektüre dieses Buches vergeblich unterzogen.
Es kann allerdings der Fall sein, daß jemand dieses Buch jetzt zur Seite legt ohne das geringste Bedürfnis, irgendeine der empfohlenen Techniken oder Erkenntnisse aufzugreifen. Aber Wochen oder Monate später greift er doch wieder danach, weil er vielleicht nach einer Anregung für die Lösung eines unbewältigten Problems sucht.
In diesem Sinne kann dieses Buch durchaus als Nachschlagewerk angesehen werden. Der leicht überschaubare innere Aufbau entspricht diesem Zweck.
Nach diesen Hinweisen bleibt mir nur noch übrig, mich bei meiner Frau und meinen Kindern für ihr Verständnis während der Arbeit an »Die Kunst, ohne Angst zu leben«, zu bedanken, ebenso bei den Mitarbeitern der Swiss Consulting School, ohne die dieses Buch nicht zustande gekommen wäre.